Heiner Müller
Germania Tod in Berlin
Rotbuch 176

Heiner Müller
Texte 5

Heiner Müller

Germania Tod in Berlin

Rotbuch Verlag Berlin

19.-20. Tausend 1994

Druck und Bindung: Wagner GmbH, Nördlingen
Printed in Germany.
ISBN 3 88022 176 6

INHALT

A B C

LACH NIT ES SEI DANN EIN STADT UNTERGANGEN
(Grobianus)
ICH WILL EIN DEUTSCHER SEIN
(Eintragung im Schulheft eines elfjährigen jüdischen Jungen im Warschauer Ghetto)
DER TERROR VON DEM ICH SCHREIBE KOMMT NICHT AUS DEUTSCHLAND ES IST EIN TERROR DER SEELE
(Edgar Allan Poe)
DER TERROR VON DEM ICH SCHREIBE KOMMT AUS DEUTSCHLAND

UND ZWISCHEN ABC UND EINMALEINS
Wir pißten pfeifend an die Schulhauswand
Die Lehrer hinter vorgehaltner Hand
HABT IHR KEIN SCHAMGEFÜHL Wir hatten keins.

Als Abend wurd wir stiegen auf den Baum
Von dem sie früh den Toten schnitten. Leer
Stand nun sein Baum. Wir sagten: DAS WAR DER.
WO SIND DIE ANDERN? ZWISCHEN AST UND
  ERD IST RAUM.

DAS EISERNE KREUZ

Im April 1945 beschloß in Stargard in Mecklenburg ein Papierhändler, seine Frau, seine vierzehnjährige Tochter und sich selbst zu erschießen. Er hatte durch Kunden von Hitlers Hochzeit und Selbstmord gehört.

Im ersten Weltkrieg Reserveoffizier, besaß er noch einen Revolver, auch zehn Schuß Munition.

Als seine Frau mit dem Abendessen aus der Küche kam, stand er am Tisch und reinigte die Waffe. Er trug das Eiserne Kreuz am Rockaufschlag, wie sonst nur an Festtagen.

Der Führer habe den Freitod gewählt, erklärte er auf ihre Frage, und er halte ihm die Treue. Ob sie, seine Ehefrau, bereit sei, ihm auch hierin zu folgen. Bei der Tochter zweifle er nicht, daß sie einen ehrenvollen Tod durch die Hand ihres Vaters einem ehrlosen Leben vorziehe.

Er rief sie. Sie enttäuschte ihn nicht.

Ohne die Antwort der Frau abzuwarten, forderte er beide auf, ihre Mäntel anzuziehen, da er, um Aufsehen zu vermeiden, sie an einen geeigneten Ort außerhalb der Stadt führen werde. Sie gehorchten. Er lud dann den Revolver, ließ sich von der Tochter in den Mantel helfen, schloß die Wohnung ab und warf den Schlüssel durch die Briefkastenöffnung.

Es regnete, als sie durch die verdunkelten Straßen aus der Stadt gingen, der Mann voraus, ohne sich nach den Frauen umzusehen, die ihm mit Abstand folgten. Er hörte ihre Schritte auf dem Asphalt.

Nachdem er die Straße verlassen und den Fußweg zum Buchenwald eingeschlagen hatte, wandte er sich über die Schulter zurück und trieb zur Eile. Bei dem über der baumlosen Ebene stärker aufkommenden Nachtwind, auf dem regennassen Boden, machten ihre Schritte kein Geräusch.

Er schrie ihnen zu, sie sollten vorangehen. Ihnen folgend, wußte er nicht: hatte er Angst, sie könnten ihm davonlaufen, oder wünschte er, selbst davonzulaufen. Es dauerte nicht lange, und sie waren weit voraus. Als er sie nicht mehr sehen konnte, war ihm klar, daß er zuviel Angst hatte, um einfach wegzulaufen, und er wünschte sehr, sie täten es. Er blieb stehen und ließ sein Wasser. Den Revolver trug er in der Hosentasche, er spürte ihn kalt durch den dünnen Stoff. Als er schneller ging, um die Frauen einzuholen, schlug die Waffe bei jedem Schritt an sein Bein. Er ging langsamer. Aber als er in die Tasche griff, um den Revolver wegzuwerfen, sah er seine Frau und die Tochter. Sie standen mitten auf dem Weg und warteten auf ihn.

Er hatte es im Wald machen wollen, aber die Gefahr, daß die Schüsse gehört wurden, war hier nicht größer.

Als er den Revolver in die Hand nahm und entsicherte, fiel die Frau ihm um den Hals, schluchzend. Sie war schwer, und er hatte Mühe, sie abzuschütteln. Er trat auf die Tochter zu, die ihn starr ansah, hielt ihr den Revolver an die Schläfe und drückte mit geschlossenen Augen ab. Er hatte gehofft, der Schuß würde nicht losgehen, aber er hörte ihn und sah, wie das Mädchen schwankte und fiel.

Die Frau zitterte und schrie. Er mußte sie festhalten. Erst nach dem dritten Schuß wurde sie still.

Er war allein.

Da war niemand, der ihm befahl, die Mündung des Revolvers an die eigene Schläfe zu setzen. Die Toten sahen ihn nicht, niemand sah ihn.

Er steckte den Revolver ein und beugte sich über seine Tochter. Dann fing er an zu laufen.

Er lief den Weg zurück bis zur Straße und noch ein Stück die Straße entlang, aber nicht auf die Stadt zu, sondern westwärts. Dann ließ er sich am Straßenrand nieder, den Rücken an einen Baum gelehnt, und überdachte seine Lage, schwer atmend. Er fand, sie war nicht ohne Hoffnung.

Er mußte nur weiterlaufen, immer nach Westen, und die

nächsten Ortschaften meiden. Irgendwo konnte er dann untertauchen, in einer größeren Stadt am besten, unter fremdem Namen, ein unbekannter Flüchtling, durchschnittlich und arbeitsam.

Er warf den Revolver in den Straßengraben und stand auf.

Im Gehen fiel ihm ein, daß er vergessen hatte, das Eiserne Kreuz wegzuwerfen. Er tat es.

Die Bauern standen mit dem Rücken zum Steinbruch. Er sah die Bauern an, die Bauern sahen ihn an. Ihre Augen waren weit vor Furcht, dann schmal vor Haß, dann wieder weit, dann wieder schmal. Er sah auf ihre Hände: sie waren zerarbeitet, dann auf seine eigne zerarbeitete Hand, die schwitzte. Er sagte die oftgesagte Formel lauter als gewöhnlich: FEUER AUF DIE FEINDE DER REVOLUTION und schoß als erster. Die Salve wirbelte die drei Körper über den grasbewachsenen Hang in den Steinbruch.

HUNDERT SCHRITT
(nach Defoe)

Im Jahrhundert der Pest
Wohnte ein Mann in Bow, nördlich London
Bootsführer, mittellos, ohne Ansehen, aber
Treu den Seinen. Umsichtig auch
In der Treue.
Aus den Städten unten
Wo die Pest war
Schleppte er das Essen aufwärts
Zu den Wohlhabenden Ängstlichen
Auf ihren Schiffen
In der Mitte des Stroms.
So nährte ihn die Seuche.
Aber in der Hütte
Bei der Frau mit dem Vierjährigen
War die Pest auch.
Und jeden Abend schleppte er einen Sack Lebensmittel
Frucht eines Tages, vom Fluß herauf an einen Stein, hundert Schritt von der Hütte.
Dann, sich entfernend, rief er die Frau. Beobachtend
Wie sie den Sack aufhob, jede ihrer Bewegungen aufmerksam verfolgend
Stand er noch eine Zeit
In der sicheren Entfernung
Und erwiderte ihren Gruß.

SCHOTTERBEK, als er, an einem Junimorgen 1953 in Berlin, unter den Schlägen seiner Mitgefangenen aufatmend zusammenbrach, hörte aus dem Lärm der Panzerketten, durch die preußisch dicken Mauern seines Gefängnisses gedämpft, den nicht zu vergessenden Klang der Internationale

PHILOKTET 1950

Philoktet, in Händen das Schießzeug des Herakles, krank mit
Aussatz ausgesetzt auf Lemnos, das ohne ihn leer war
Von den Fürsten mit wenig Mundvorrat, zeigte da keinen
Stolz, sondern schrie, bis das Schiff schwand, von seinem Schrei nicht gehalten.
Und gewöhnte sich ein, Beherrscher des Eilands, sein Knecht auch
An es gekettet mit Ketten umgebender Meerflut, von Grünzeug
Lebend und Getier, jagbarem, auskömmlich zehn Jahre lang.
Aber im zehnten vergeblichen Kriegsjahr entsannen die Fürsten
Des Verlassenen sich. Wie den Bogen er führte, den weithin
Tödlichen. Schiffe schickten sie, heimzuholen den Helden
Daß er mit Ruhm sie bedecke. Doch zeigte sich der da von seiner
Stolzesten Seite. Gewaltsam mußten sie schleppen an Bord ihn
Seinem Stolz zu genügen. So holte er nach das Versäumte.

DIE REISE
(nach Motekiyo)

Kagekiyo. Hitomaru. Ein Holzfäller. Chor.

1

HITOMARU Kagekiyo ging für Heike in die Schlacht. Heike schickte ihn in die Verbannung nach der Schlacht. Er lebt in Myazaki. Ich bin nicht gewohnt zu reisen, aber ich will zu ihm gehen. Er ist mein Vater. Er ist alt.
singt:
Die Reise
Ist beschwerlich.
Durch die Provinz Sagami gehe ich.
Totomi lasse ich hinter mir.
Ich überquere die Bucht in einem schmalen Leihboot.
Wann werde ich in Myazaki sein?

2

KAGEKIYO Hier in Mayazaki bringe ich mein Leben hin, unter dem Strohdach. Ich, Kagekiyo, der für Heike in die Schlacht ging, der Verbannte. Blind, nicht wissend den Ablauf der Zeit. Mein Besitz: Ein Gewand für Sommer und Winter. Mein Leib: Ein Knochenbündel.
CHOR Seht den Gefürchteten
Seht das Knochenbündel!
Sein Schwert ist zerbrochen.
Sein Schwert
Hat ihn zerbrochen.
HITOMARU Hier in Myazaki will ich nach meinem Vater fragen. *Zu Kagekiyo* Wo lebt Kagekiyo, der für Heike in die Schlacht ging, der Verbannte?
KAGEKIYO *schweigt.*
HITOMARU *geht weiter.*
KAGEKIYO Diese Frau ist meine Tochter. Ich liebte ihre Mutter in Atsuta. Ich fand das Kind unnütz und gab es fort.

3

HITOMARU Wo lebt Kagekiyo, der für Heike in die Schlacht ging, der Verbannte?

HOLZFÄLLER Unter dem Strohdach.

HITOMARU Der Bettler?

HOLZFÄLLER Ja.

4

HOLZFÄLLER He, Kagekiyo!

KAGEKIYO Ich bin ein altes Eisen, unnütz. Wer ist Kagekiyo?

CHOR Der Verbannte
Bedenkt die Zeit, als er berühmt und blutig war.
Das Blut ist noch an seiner Hand.
Wo ist sein Ruhm?

KAGEKIYO Wind kommt vom Berg. Schnee kommt hinter dem Wind. Ich höre, wie die Flut den Strand berennt. Ich hörte es, als ich für Heike in die Schlacht ging und nach der Schlacht. Wer fragt nach Kagekiyo?

HOLZFÄLLER Wer bist du?

HITOMARU Hitomaru, Tochter Kagekiyos, der für Heike ...

HOLZFÄLLER Deine Tochter fragt nach dir.

KAGEKIYO Ich bin bedeckt mit Grind und Schande. Sie ist jung.

HITOMARU Die Reise war beschwerlich. Regen in Sagami, in Totomi Schnee. Über die Bucht in einem Leihboot.

KAGEKIYO *singt:*
In den Booten der Männer von Heikes Mannschaft
Wurde gerühmt vor andern laut Kagekiyo.
Tapfer waren seine Leute, schnelle Segler.
Nun ist der Führer selber
Aufgebraucht.

HOLZFÄLLER *setzt sich auf den Boden, ißt:* Erzähl ihr die Geschichte.

5

KAGEKIYO Heikes Mannschaft kam auf Schiffen. Der Feind stand an der Küste. Er hatte uns geschlagen in den Bergen von Harima. Er war klug und schnell. Kagekiyo begab sich an den Strand mit Heikes Leuten, und der Feind warf sich auf sie. Kagekiyo trieb sie vor sich her, Freund und Feind. Er sang:
Unserem Feldherrn gefällt nicht die Nase des anderen Feldherrn.
Aber sein Reisfeld gefällt ihm. Lauft, ihr Hunde!

HOLZFÄLLER *zu Hitomaru:* Sie waren Hunde vor ihm. Jetzt kann er kein Bein mehr aufheben.

KAGEKIYO Kagekiyo schwang den Speer. Schrecklich ist dein Arm, schrie Myonoya. Zäh ist dein Genick, rief Kagekiyo. Sie lachten nach der Schlacht. Das war Kagekiyo.

HOLZFÄLLER Der Speerschwinger.

CHOR Der Verbannte hat seine Geschichte erzählt. Die Tochter
Schweigt.
Soll sie von ihm gehen, dem keiner hilft am Ende seiner Laufbahn?
Soll sie bei ihm bleiben, dem das vergossene
Blut nicht die Backen füllt?

DER VATER

Ein toter Vater wäre vielleicht
Ein besserer Vater gewesen. Am besten
Ist ein totgeborener Vater.
Immer neu wächst Gras über die Grenze.
Das Gras muß ausgerissen werden
Wieder und wieder das über die Grenze wächst.

1

1933 am 31. Januar 4 Uhr früh wurde mein Vater, Funktionär der Sozialdemokratischen Partei Deutschlands, aus dem Bett heraus verhaftet. Ich wachte auf, der Himmel vor dem Fenster schwarz, Lärm von Stimmen und Schritten. Nebenan wurden Bücher auf den Boden geworfen. Ich hörte die Stimme meines Vaters, heller als die fremden Stimmen. Ich stieg aus dem Bett und ging zur Tür. Durch den Türspalt sah ich, wie ein Mann meinem Vater ins Gesicht schlug. Frierend, die Decke bis zum Kinn hochgezogen, lag ich im Bett, als die Tür zu meinem Zimmer aufging. In der Tür stand mein Vater, hinter ihm die Fremden, groß, in braunen Uniformen. Sie waren zu dritt. Einer hielt mit der Hand die Tür auf. Mein Vater hatte das Licht im Rücken, ich konnte sein Gesicht nicht sehn. Ich hörte ihn leise meinen Namen rufen. Ich antwortete nicht und lag ganz still. Dann sagte mein Vater: Er schläft. Die Tür wurde geschlossen. Ich hörte, wie sie ihn wegführten, dann den kurzen Schritt meiner Mutter, die allein zurückkam.

2

Meine Freunde, Söhne eines kleinen Beamten, erklärten mir nach der Verhaftung meines Vaters, daß sie nicht mehr mit mir spielen dürften. Es war an einem Vormittag, Schnee lag in den Straßengräben, es ging ein kalter Wind. Ich fand meine Freunde auf dem Hof im Geräteschuppen, auf Holzklötzen sitzend. Sie spielten mit Bleisoldaten. Vor der Tür hatte ich gehört, wie sie Kanonendonner machten. Als ich eintrat, verstummten sie und sahen einander an. Dann spielten sie weiter. Sie hatten die Bleisoldaten in Schlachtreihen gegeneinander aufgestellt und rollten abwechselnd Murmeln in die gegnerische Front. Dabei machten sie den Kanonendonner. Sie redeten sich mit Herr General an und schrien einander triumphierend nach jedem Schuß die Verlustziffern zu. Die Soldaten starben wie die Fliegen. Es ging um einen Pudding. Der eine General hatte schließlich keine Soldaten mehr, seine Armee lag vollzählig am Boden. Damit war der Sieger ermittelt. Die Gefallenen flogen, Freund und Feind durcheinander, zusammen mit dem einen Überlebenden, in die Pappschachtel. Die Generäle standen auf. Sie gingen jetzt frühstücken, sagte der Sieger, und, im Vorbeigehn, ich könnte nicht mitkommen, sie dürften mit mir nicht mehr spielen, weil mein Vater ein Verbrecher sei. Meine Mutter hatte mir gesagt, wer die Verbrecher waren. Aber auch, daß es nicht gut war, sie zu nennen. So sagte ich es meinen Freunden nicht. Sie erfuhren es, zwölf Jahre später, ins Feuer geschickt von großen Generälen, unter dem Donner zahlloser wirklicher Geschütze, in den schrecklichen letzten Schlachten des zweiten Weltkrieges, tötend und sterbend.

3

Ein Jahr nach der Verhaftung meines Vaters bekam meine Mutter die Erlaubnis, ihn im Lager zu besuchen. Wir fuhren mit der Kleinbahn bis zur Endstation. Die Straße lief in Windungen bergan, vorbei an einem Sägewerk mit dem Geruch von frischem Holz. Auf dem flachen Bergkegel ging der Weg zum Lager ab. Die Felder am Weg lagen brach. Dann standen wir vor dem breiten Tor mit dem Drahtgitter, bis sie meinen Vater brachten. Durch das Drahtgitter blickend sah ich ihn kommen, auf der Lagerstraße, die mit Schotter bedeckt war. Er ging langsamer je näher er kam. Die Sträflingskleider waren ihm zu weit, so daß er sehr klein aussah. Das Tor wurde nicht geöffnet. Er konnte uns durch den engmaschigen Draht nicht die Hand geben. Ich mußte dicht an das Tor herantreten, um sein mageres Gesicht ganz zu sehen. Es war sehr blaß. Ich kann mich nicht erinnern, was gesprochen wurde. Hinter meinem Vater stand mit rundem rosigem Gesicht der bewaffnete Posten.

Ich wünschte mein Vater wäre ein Hai gewesen
Der vierzig Walfänger zerrissen hätte
(Und ich hätte schwimmen gelernt in ihrem Blut)
Meine Mutter ein Blauwal mein Name Lautréamont
Gestorben in Paris 1871 unbekannt

4

Meine Mutter bekam, weil sie seine Frau war, keine Arbeit. So nahm sie das Angebot eines Fabrikanten an, der bis 1932 Mitglied der Sozialdemokratischen Partei gewesen war. Ich durfte mittags an seinem Tisch mitessen. So stemmte ich mich jeden Mittag gegen das eiserne Tor vor dem Haus des Wohltäters, ging die breite Steintreppe hinauf in den ersten Stock, drückte zögernd auf den weißen Klingelknopf, wurde von einem Mädchen in weißer Schürze in das Eßzimmer gebracht und von der Frau des Fabrikanten an dem großen Tisch placiert, unter ein Bild, das einen Hirsch darstellte, der zusammenbrach und Hunde, die über ihn herfielen. Umgeben von den massigen Gestalten der Gastgeber aß ich ohne aufzublicken. Sie waren freundlich zu mir, erkundigten sich nach meinem Vater, schenkten mir Süßigkeiten und erlaubten mir, ihren Hund zu streicheln: er war dick und stank. In der Küche essen mußte ich nur einmal, als Gäste kamen, die sich an meiner Gegenwart stießen. Als ich mich zum letztenmal gegen das eiserne Tor stemmte, bis es, in den Angeln kreischend, nachgab, regnete es. Ich hörte den Regen niedergehen, als ich die Steintreppe hinaufstieg. Der Mann saß nicht mit am Tisch. Er war zur Jagd gefahren. Es gab Kartoffelklöße mit Rindfleisch und Meerrettich. Während ich aß hörte ich den Regen.

Das letzte Stück Kartoffelkloß fiel mir in zwei Hälften von der Gabel auf den Teppich. Die Frau merkte es und sah mich an. Im gleichen Augenblick hörte ich auf der Straße ein Fahrgeräusch, dann, vor dem Haus, Bremsen und einen Schrei. Ich sah, wie die Frau an ein Fenster ging und aus dem Zimmer stürzte. Ich lief zum Fenster. Auf der Straße stand, neben seinem Auto, vor der Frau, die er überfahren hatte, der Fabrikant. Als ich aus dem Zimmer in den Flur trat, wurde sie von zwei Arbeitern hereingetragen und auf den Fußboden gelegt; ich konnte ihr Gesicht sehen, den verzerrten Mund, aus dem Blut rann. Dann kam ein anderer Arbeiter mit der Jagdbeute, Hasen und Rebhühnern, die er ebenfalls auf den Fußboden legte, weit genug von der blutenden Frau. Ich merkte, wie mir der Meerrettich aufstieß. Auf der Steintreppe war Blut. Ich hatte das eiserne Tor noch nicht erreicht, als ich mich erbrach.

5

Mein Vater wurde freigelassen, unter der Bedingung, daß er sich in seinem Wohnkreis nicht mehr blicken ließ. Das war 1934 im Winter. Zwei Wegstunden vor dem Dorf, auf der offenen Landstraße, die mit Schnee bedeckt war, erwarteten wir ihn. Meine Mutter hielt ein Bündel unter dem Arm, seinen Mantel. Er kam, küßte mich und die Mutter, zog den Mantel an und ging die Straße zurück durch den Schnee, gebückt, als trüge er schwer an dem Mantel. Wir standen auf der Straße und sahen ihm nach. In der kalten Luft konnte man weit sehen. Ich war fünf Jahre alt.

6

Meine Mutter arbeitete, da mein Vater arbeitslos war, wieder als Näherin. Die Fabrik lag zwei Wegstunden von dem Dorf, in dem wir ein Zimmer und eine Dachkammer hatten. Das Haus gehörte den Eltern meines Vaters. Einmal nahm mich meine Mutter mit in die Stadt, zur Sparkasse. An einem Schalter bezahlte sie drei

Mark. Der Mann am Schalter lächelte auf mich herab und sagte, ich wäre nun ein reicher Mann. Dann gab er meiner Mutter das Sparbuch. Sie zeigte mir meinen Namen auf der ersten Seite. Als wir gingen, sah ich, wie ein Mann neben uns einen dicken Packen Geldscheine sich in die Jackentasche stopfte. Meine Großmutter stand in der Küche am Herd, als ich ihr das Sparbuch zeigte. Sie las die Summe und lachte. Drei Mark, sagte sie und warf ein großes Stück Butter in die Bratpfanne. Sie stellte die Pfanne auf den Herd. Ja, sagte ich und sah zu, wie die Butter zerging. Sie schnitt ein zweites kleineres Stück Butter ab und tat es dazu. Weil mein Vater gegen Hitler sei, müßte ich Margarine essen. Sie nahm aus einem Topf Kartoffeln, schnitt sie in Scheiben und ließ sie in das siedende Fett fallen. Auf das Sparbuch, das ich in der Hand hielt, kam ein Spritzer. Sie würde keine Margarine essen, sagte sie und: Hitler gibt uns Butter. Sie hatte fünf Söhne. Die drei jüngeren fielen an der Wolga, in Hitlers Krieg um Öl und Weizen. Ich war dabei, als sie die erste Todesnachricht empfing. Ich hörte sie schreien.

7

Als Hitler die Autobahnen bauen ließ, mußten in den deutschen Schulen Aufsätze über das große Projekt angefertigt werden. Für die besten waren Preise ausgesetzt. Ich sagte das, aus der Schule kommend, meinem Vater. Er sagte: Du mußt keinen Preis haben, zwei Stunden später jedoch: Du mußt dir Mühe geben. Er stand am Herd, schlug ein Ei in die Pfanne, dann, schon zögernd, ein zweites und schließlich, nach langem Ansehen und InderHandhalten, das dritte. Das gibt ein gutes Essen, sagte er. Wir aßen und mein Vater sagte: Du mußt schreiben, du bist froh, daß Hitler die Autobahnen baut. Da bekommt bestimmt auch mein Vater wieder Arbeit, der so lange arbeitslos war. Das mußt du schreiben. Nach dem Essen half er mir, den Aufsatz so zu schreiben. Dann ging ich spielen.

8

Dreizehn Jahre später, wir wohnten in einer Kreisstadt in Mecklenburg, saß an unserm Tisch eine Freifrau, Witwe eines Generals, der nach dem mißglückten Attentat vom 20. Juli 1944 auf Adolf Hitler hingerichtet worden war, und bat meinen Vater, den Funktionär der neu gegründeten Sozialdemokratischen Partei, um Hilfe gegen die Bodenreform. Er versprach, ihr zu helfen.

9

1951 ging mein Vater, um sich herauszuhalten aus dem Krieg der Klassen, über den Potsdamer Platz in Berlin in den amerikanischen Sektor. Meine Mutter hatte ihn bis Berlin begleitet, ich war allein in der Wohnung. Ich saß am Bücherschrank und las Gedichte. Draußen regnete es, während ich las, hörte ich den Regen. Ich legte den Gedichtband weg, zog Jacke und Mantel an, schloß die Wohnung ab und ging durch den Regen zum andern Ende der Stadt. Ich fand ein Gasthaus mit einem Tanzsaal. Ich hörte von weitem den Lärm. Als ich in der Tür zum Tanzsaal stand, wurde eine Pause angesagt. So trat ich in die Gaststube. An einem der kleineren Tische saß eine Frau allein und trank Bier. Ich setzte mich neben sie und bestellte Schnaps. Wir tranken. Nach dem vierten Schnaps berührte ich ihre Brust und sagte, sie hätte schönes Haar. Da sie entgegenkommend lächelte, bestellte ich mehr Schnaps. Nebenan im Tanzsaal hatte die Musik wieder eingesetzt, dröhnte das Schlagzeug, plärrten die Saxophone, schrien die Geigen. Ich preßte Zähne und Lippen auf den Mund der Frau. Dann zahlte ich. Als wir auf die Straße traten, hatte der Regen aufgehört. Der Mond stand weiß am Himmel und verbreitete ein kaltes Licht. Wir gingen den Weg schweigend. Auf dem Gesicht der Frau war ein starres Lächeln, als sie sich neben dem Doppelbett im Schlafzimmer meiner Eltern ohne Umstände auszog. Nach dem Beischlaf schenkte ich ihr Zigaretten oder Schokolade. Meine eher höfliche Frage: Wann sieht man sich wieder? beantwortete sie mit: Wenns gewünscht wird und verbeugte sich beinah vor mir, beziehungsweise vor der Position, in der sie meinen Vater noch glaubte. Er fand seinen Frieden, Jahre später, in einer badischen Kleinstadt, Renten auszahlend an Arbeitermörder und Witwen von Arbeitermördern.

10

Ich sah ihn zuletzt auf der Isolierstation eines Krankenhauses in Charlottenburg. Ich fuhr mit der Stadtbahn bis Charlottenburg, ging, vorbei an Ruinen und Baumrümpfen, eine breite Straße hinunter, wurde im Krankenhaus durch einen langen hellen Gang geführt, an die Glastür der Isolierstation. Man klingelte. Hinter dem Glas erschien eine Krankenschwester, nickte stumm, als ich nach meinem Vater fragte, schritt den langen Gang hinab und verschwand in einem der letzten Zimmer. Dann kam mein Vater. Er sah klein aus in dem gestreiften Schlafanzug, der ihm zu weit war. Seine Pantoffeln schlappten auf den Steinfliesen. Wir standen, zwischen uns das Glas, und sahen uns an. Sein mageres Gesicht war blaß. Wir mußten mit erhobener Stimme sprechen. Er rüttelte an der verschlossenen Tür und rief die Schwester. Sie kam, schüttelte den Kopf und ging. Er ließ die Arme sinken, sah durch das Glas auf mich und schwieg. Ich hörte, wie in einem der Krankenzimmer ein Kind schrie. Als ich ging, sah ich ihn hinter der Glastür stehen und winken. Im Licht, das durch das große Fenster am Ende des Ganges fiel, sah er alt aus. Der Zug fuhr schnell, vorbei an Trümmern und Bauplätzen. Draußen war das eisengraue Licht des Oktobertages.

ALLEIN MIT DIESEN LEIBERN
Staaten Utopien
Gras wächst
Auf den Gleisen
Die Wörter verfaulen
Auf dem Papier
Die Augen der Frauen
Werden kälter
Abschied von morgen
STATUS QUO

E. L.

Du kamst wie eine Prinzessin übers Meer
Nach Dänemark verschlagen auf der Flucht aus Danzig
Im U-Bootgejagten von Bombern besuchten Transport-
schiff.
Es war wie eine Tempelschändung, als du
Eine Brille aufgesetzt hast neben mir im Kino

Bäume wildwachsend Wurzeln im Uferschlamm
Schilf grün

DER LORD
LÄSST SICH ENTSCHULDIGEN er nimmt den
Frühzug
Bei Schiller weiß man wenigstens wann Schluß ist

AUF BALD beide wissend auf nie

EXCUSE ME MADAM

GESTERN AN EINEM SONNIGEN NACHMITTAG
Als ich durch die tote Stadt Berlin fuhr
Heimgekehrt aus irgend einem Ausland
Hatte ich zum erstenmal das Bedürfnis
Meine Frau auszugraben aus ihrem Friedhof
Zwei Schaufeln voll habe ich selbst auf sie geworfen
Und nachzusehen was von ihr noch daliegt
Knochen die ich nie gesehen habe
Ihren Schädel in der Hand zu halten
Und mir vorzustellen was ihr Gesicht war
Hinter den Masken die sie getragen hat
Durch die tote Stadt Berlin und andere Städte
Als er bekleidet war mit ihrem Fleisch.

Ich habe dem Bedürfnis nicht nachgegeben
Aus Angst vor der Polizei und dem Klatsch meiner
Freunde.

TODESANZEIGE

Sie war tot, als ich nach Hause kam. Sie lag in der Küche auf dem Steinboden, halb auf dem Bauch, halb auf der Seite, ein Bein angewinkelt wie im Schlaf, der Kopf in der Nähe der Tür. Ich bückte mich, hob ihr Gesicht aus dem Profil und sagte das Wort, mit dem ich sie anredete, wenn wir allein waren. Ich hatte das Gefühl, daß ich Theater spielte. Ich sah mich, an den Türrahmen gelehnt, halb gelangweilt halb belustigt einem Mann zusehen, der gegen drei Uhr früh in seiner Küche auf dem Steinboden hockte, über seine vielleicht bewußtlose vielleicht tote Frau gebeugt, ihren Kopf mit den Händen hochhielt und mit ihr sprach wie mit einer Puppe für kein andres Publikum als mich. Ihr Gesicht war eine Grimasse, die obere Zahnreihe schief in dem aufgeklappten Mund, als ob der Kiefer ausgerenkt wäre. Als ich sie aufhob, hörte ich etwas wie ein Stöhnen, das mehr aus ihren Eingeweiden als aus ihrem Mund zu kommen schien, jedenfalls von weit. Ich hatte sie schon oft wie tot daliegen sehen, wenn ich nach Hause kam, und aufgehoben mit Angst (Hoffnung), daß sie tot war und der schreckliche Laut klang beruhigend, eine Antwort. Später klärte mich der Arzt auf: Eine Art Aufstoßen, durch die Lageveränderung bedingt, ein Rest von Atemluft, vom Gas aus den Lungen gepreßt. Oder ähnlich. Ich trug sie ins Schlafzimmer, sie war schwerer als gewöhnlich, nackt unter dem Morgenrock. Als ich die Last auf der Bettcouch ablegte, fiel ihr eine Zahnprothese aus dem Mund. Sie mußte sich, in der Agonie, gelockert haben. Ich wußte jetzt, was ihr Gesicht entstellt hatte. Ich hatte nicht gewußt, daß sie eine Zahnprothese trug. Ich ging zurück in die Küche und stellte den Gasherd ab, dann, nach einem Blick auf ihr leeres Gesicht, zum Telefon, dachte, den Hörer in der Hand, an mein Leben mit der Toten bzw. an die verschiedenen Tode, die sie dreizehn Jahre lang gesucht und verfehlt hatte, bis zu der heutigen erfolgreichen Nacht. Sie hatte es mit einer Rasierklinge probiert: als sie mit einer Pulsader fertig war, rief sie mich, zeigte mir das Blut. Mit einem Strick, nachdem sie die Tür abgeschlossen, aber, mit Hoffnung oder aus Zerstreutheit, ein Fenster offen gelassen hatte, das vom Dach aus zu erreichen war. Mit Quecksilber aus einem Fieberthermometer, das sie, für diesen Zweck, zerbrochen hatte. Mit Tabletten. Mit Gas. Aus dem Fenster oder vom Balkon springen wollte sie nur, wenn ich in der Wohnung war. Ich rief einen Freund an, ich wollte immer noch nicht wissen, daß sie tot war und eine Sache der Behörden, dann das Rettungsamt. SIND SIE WAHNSINNIG MACHEN SIE SOFORT DIE ZIGARETTE AUS TOT SIND SIE SICHER JA SEIT MINDESTENS ZWEI STUNDEN ALKOHOL DAS HERZ HABEN SIE NICHT GEMERKT DASS IHRE FRAU WO IST DER BRIEF WAS FÜR EIN BRIEF HAT SIE KEINEN BRIEF HINTERLASSEN WO WAREN SIE VON WANN BIS WANN MORGEN NEUN UHR ZIMMER DREIUNDZWANZIG VORLADUNG DIE LEICHE WIRD ABGEHOLT AUTOPSIE KEINE SORGE MAN SIEHT NICHTS. Warten auf den Leichenwagen, im Nebenzimmer eine tote Frau. Die Unumkehrbarkeit der Zeit. Zeit des Mörders: ausgelöschte Gegenwart in der Klammer von Vergangenheit und Zukunft. Ins Nebenzimmer gehen (dreimal), die Tote NOCH EINMAL ansehen (dreimal), sie ist nackt unter der Decke. Wachsende Gleichgültigkeit gegen Dasda, mit dem meine Gefühle (Schmerz Trauer Gier) nichts mehr zu tun haben. Die Decke wieder über den Körper ziehen (dreimal), der morgen aufgeschnitten wird, über das leere Gesicht. Beim drittenmal die ersten Spuren der Vergiftung: blau. Zurück ins Wartezimmer (dreimal). Mein erster Gedanke an den eigenen Tod (es gibt keinen andern), in dem kleinen Haus in Sachsen, in der winzigen Schlafkammer, drei niedrige Stockwerke hoch, fünf oder sechs Jahre alt ich, allein gegen Mitternacht auf dem unvermeidlichen Nachttopf, Mond im Fenster.

DER DIE KATZE HIELT UNTER DEN MESSERN DER SPIELKAMERADEN WAR ICH/ICH WARF DEN SIEBENTEN STEIN NACH DEM SCHWALBENNEST UND DER SIEBENTE WAR DER DER TRAF/ICH HÖRTE DIE HUNDE BELLEN IM DORF WENN DER MOND STAND/WEISS GEGEN DAS FENSTER KAMMER IM SCHLAF/WAR ICH EIN JÄGER VON WÖLFEN GEJAGT MIT WÖLFEN ALLEIN/VOR DEM EINSCHLAFEN MANCHMAL HÖRTE ICH IN DEN STÄLLEN DIE PFERDE SCHREIN. Gefühl des Universums beim Nachtmarsch auf dem Bahndamm in Mecklenburg, in zu engen Stiefeln und zu weiter Uniform: die dröhnende Leere. HÜHNERGESICHT. Irgendwo auf dem Weg durch den Nachkrieg hatte er sich an mich gehängt, eine dürre Gestalt im schlotternden Militärmantel, der am Boden nachschleifte, eine zu große Feldmütze auf dem zu kleinen Vogelkopf, der Brotbeutel in Kniehöhe, ein Kind in Feldgrau. Trottete neben mir her, stumm, ich kann mich nicht erinnern, daß er ein Wort gesagt hätte, nur wenn ich schneller ging, sogar lief, um ihn abzuschütteln, stieß er zwischen keuchenden Atemzügen kleine klägliche Laute aus. Ein paarmal glaubte ich schon, ihn endgültig abgehängt zu haben, er war nur noch ein Punkt in der Ebene hinter mir, dann auch das nicht mehr; aber im Dunkeln holte er auf und spätestens wenn ich aufwachte, in einer Scheune oder im Freien, lag er wieder neben mir, in seinen löchrigen Mantel gerollt, der Vogelkopf in Höhe meiner Knie, und wenn es mir gelungen war, aufzustehen und wegzukommen, bevor er wach wurde, hörte ich bald hinter mir sein klägliches Keuchen. Ich beschimpfte ihn. Er stand vor mir, sah mich aus schwimmenden Hundeaugen dankbar an. Ich weiß nicht mehr, ob ich ihn angespuckt habe. Ich konnte ihn nicht schlagen: Hühner schlägt man nicht. Nie war mein Wunsch, einen Menschen zu töten, so heftig. Ich erstach ihn mit dem Seitengewehr, das er aus den Tiefen seines Militärmantels geklaubt hatte, um sein letztes Büchsenfleisch mit mir zu teilen, ich aß zuerst, damit ich seinen Speichel nicht mitessen mußte, stieß das Bajonett zwischen seine spitzen Schulterblätter, bevor er an der Reihe war, sah ohne Bedauern sein Blut auf dem Gras glänzen. Das war an einem Bahndamm, nachdem ich ihn getreten hatte, damit er einen andern Weg ging. Ich erschlug ihn mit seinem Feldspaten, als er gerade gegen den Wind, der über die Ebene ging, auf der wir übernachten mußten, einen Wall aufgeschüttet hatte. Er wehrte sich nicht, als ich ihm den Spaten aus der Hand riß, nicht einmal als er das Spatenblatt kommen sah, brachte er einen Schrei zustande. Er mußte es erwartet haben. Er hob nur die Hände über den Kopf. Mit Erleichterung sah ich in der schnell einbrechenden Dunkelheit, wie eine Maske aus schwarzem Blut das Hühnergesicht auslöschte. An einem sonnigen Maitag stieß ich ihn von einer Brücke, die gesprengt worden war. Ich hatte ihn vorgehen lassen, er sah sich nicht um, ein Stoß in den Rükken genügte; das Sprengloch war zwanzig Meter breit, die Brücke hoch genug für einen Todesfall, unten Asphalt. Ich beobachtete seine Flugbahn, der Mantel gebläht wie ein Segel, das Seitenruder des leeren Brotbeutels, die tödliche Landung. Dann überschritt ich das Sprengloch: ich brauchte nur die Arme auszubreiten, von der Luft getragen wie ein Engel. Er hat in meinen Träumen keinen Platz mehr, seit ich ihn getötet habe (dreimal). TRAUM Ich gehe in einem alten von Bäumen durchwachsenen Haus, die Wände von Bäumen gesprengt und gehalten, eine Treppe hinauf, über der nackt eine riesige Frau mit mächtigen Brüsten, Arme und Beine weit gespreizt, an Stricken aufgehängt ist. (Vielleicht hält sie sich auch ohne Befestigung in dieser Lage: schwebend.) Über mir die ungeheuren Schenkel, aufgeklappt wie eine Schere, in die ich mit jeder Stufe weiter hineingehe, das schwarze wildbuschige Schamhaar, die Roheit der Schamlippen.

GERMANIA TOD IN BERLIN

DIE STRASSE 1
Berlin 1918.

MANN Das war der Krieg. Den Arm hat er behalten.
FRAU Du bist heraus, Mann. Alles ist beim alten.
Kinder, s gibt Brot, der Vater ist zurück.
MANN Wenn uns das Brot gehört und die Fabrik.
Ab. Dunkel.
STIMME DAS IST DER GENERALSTREIK
KINDER Bäcker!
In seiner Ladentür erscheint überlebensgroß der Bäcker.
KINDER Brot.
BÄCKER Mein Brot wächst nicht vom Himmel. Habt ihr Geld?
Kein Geld kein Hunger. Ist es meine Welt?
Fernes Schießen.
STIMME DAS IST DIE REVOLUTION
Der Bäcker schließt sehr schnell seinen Laden.
KINDER He. Bäcker.
Sie „schießen." Tot!
Laufen in die Richtung, in der geschossen wird. Auftritt der Schilderverteiler, ebenfalls überlebensgroß, mit Schildern. Auf den Schildern steht NIEDER MIT SPARTAKUS.
SCHILD Was da gebraut wird, ist nicht euer Bier.
Ein Mann ein Groschen. Vier mal eins macht vier
Wenn ihr mein Schild durch eure Straße tragt.
Es ist für Deutschland, wenn euch einer fragt.
KIND 1 Ich geh nicht mit, mein Vater ist dabei.
SCHILD Nummer eins ist satt. Vier weniger eins macht drei.
Er steckt einen Groschen weg.
KIND 1 Mein Hunger ists der mitgeht, ich bins nicht.
SCHILD Der oder du. Hat er nur dein Gesicht.
Kinder demonstrieren mit den Schildern. Schießen aus.
ANDRE STIMME
RUHE UND ORDNUNG. WIEDERHERGESTELLT.
Licht. Der Bäcker macht seinen Laden wieder auf. Die Kinder treten zum Schilderverteiler und halten die Hände auf.
SCHILD Was wollt ihr.
KINDER Den Groschen.
SCHILD Was kriegt der Hund, wenn er bellt.
Lacht. In seiner Ladentür steht der Bäcker und stimmt in das Lachen ein. Lachen weiter nach dem Vorhang.

DIE STRASSE 2
Berlin 1949.

LAUTSPRECHER
ES LEBE DIE DEUTSCHE DEMOKRATISCHE REPUBLIK
DER ERSTE ARBEITERUNDBAUERNSTAAT AUF DEUTSCHEM BODEN
Beifall aus dem Lautsprecher.
MANN Der Russenstaat.
ANDRER *schlägt ihn nieder:* Merk dir den Tag.
MANN *steht auf, blutig:* Und du.
Taumelt weg.
Es gibt noch Bäume, Äste dran, in Deutschland.
Wir sehn uns wieder, Russe, wenn du hängst.
STIMMEN Haltet den Hetzer.
Halt ihn.
Wo?
Da.
Weg.
ALTER *mit Kind auf dem Rücken:*
Hier haben wir Berlin, der Kaiserhure
Die Fetzen vom Kartoffelbauch gerissen
Den Preußenflitter von der leeren Brust.
Die Kaiserhure war Proletenbraut
Für eine Nacht, nackt im Novemberschnee
Von Hunger aufgeschwemmt, vom Generalstreik
Gerüttelt, mit Proletenblut gewaschen.
Wir standen wieder hier im Januar drauf
Der Nebel stieg, die Hand fror am Gewehr
Der Schnee fiel sieben Stunden ohne Aufhörn.
Die Bonzen saßen warm im Schloß, berieten.
Wir warteten im Schnee, der weiß wie nie kam
Von keinem Rauch aus keinem Schlot geschwärzt.
Wir wurden weniger. In der achten Stunde
Schmiß der und jener sein Gewehr weg, ging.
Im Schloß die Bonzen ritten auf den Stühlen
Und stimmten Karl und Rosa an die Wand.
Wir schlugen die Gewehre an den Bordstein
Krochen zurück in unsre Mauerlöcher
Und rollten unsern Himmel wieder ein.
Der Präsident. Ein Arbeiter wie wir.

STIMME 1 Ein Arbeiter wie wir. Wo ist mein Schloß.
STIMME 2 Die kennen ihre eigne Mutter nicht mehr.
EINARM Viel laßt ihr euch gefalln.
MANN 1 Und nicht von jedem.
Pause.
EINARM Seid ihr noch Deutsche?
MANN 2 Hast du einen Arm
Zu viel?
Pause.
EINARM Smolensk, Kamerad. Das nächste mal besser.
Pause.
MANN 3 Es ist der Kopf. Der hat einen Kopf zu viel.
MANN 2 Komischer Vogel.
MANN 2 Der sucht einen Käfig.
MANN 3 Glück muß man haben. Vogel, du hast Glück.
Da geht ein Käfig, der sucht einen Vogel.
Einarm ab. Staubmantel.
STAUBMANTEL Wo ist er hin.
MANN 1 Wer.
MANN 2 War hier jemand?
MANN 3 Niemand.
Staubmantel ab. Windjacken auf Fahrrädern.
WINDJACKE 1
Das macht sich breit. Fußgänger. Gibts was ohne?
MANN Staatsfeiertag, Sohn, Hast du was dagegen?
WINDJACKE 1 Was für ein Staat.
MANN 2 Nicht deiner.
WINDJACKE 2 Merkst du was
Von einem Staat hier?
Reißt eine Fahne ab und tanzt darauf. Zwei Staubmäntel.
MANN Die sind blau.
STAUBMÄNTEL *reißen den Windjacken die Windjacken auf. Flugblätter fallen heraus:* Davon.
Führen die Windjacken ab. Zwei Herren mit Koffern.
HERR 1 Hören Sie das Gras wachsen? Das ist die Steppe. Die Steppe kommt. Das kitzelt die Fußsohlen. Sehn Sie meine Schuhe: grün. Schnell, eh das Gras uns einholt.
Vorbei. Drei Huren. Ein Zuhälter.
ZUHÄLTER Die Straße voll Kunden. Warum arbeitet ihr nicht.
HURE 1 Staatsfeiertag, Süßer.
ZUHÄLTER Gefickt wird unter jeder Regierung.

HURE 2 Bei mir nicht mehr lange. Vorm Frühjahr spring ich ab.
ZUHÄLTER *will sie schlagen.*
HURE 1 Polente.
Zuhälter ab. Die Huren lachen.
HURE 1 Den Dicken nehm ich noch aus. Eine Strumpffabrik in Sachsen. Lange macht er nicht mehr, hat schon dreimal die Volkskontrolle gehabt. Die Gemahlin wird auch renitent. Einen Nerz will ich noch herausschlagen.
HURE 3 *höhnisch:* Den will ich sehn.
HURE 1 Der Blonde vom Revier hat mir gesagt, er muß mich heiraten, wenn ich nicht bald von der Straße bin, damit er mich aus dem Bericht hat.
Singt: ES WAR EINMAL EIN TREUER HUSAR
HURE 3 Heiraten. Einen Bullen.
HURE 1 Der Blonde gefällt mir.
HURE 3 Das ist das letzte.
Spuckt aus.
HURE 1 Du hast es nötig, auf dem Strich seit 71.
HURE 3 Aas.
HURE 1 Nach dir.
Prügeln sich. Polizist.
POLIZIST Streit, meine Damen?
HURE 3 Keine Spur, Herr Kommissar.
HURE 1 Sie müssen uns verwechselt haben.
HURE 2 Sinds die Augen, geh zu ANSORG.
Polizist ab.
HURE 3 Die sind überall. Ich geh zum Kudamm.
HURE 1 Die warten auf dich, du Skelett.
HURE 3 Die Fresse zerkratz ich dir.
Ein Polizist geht vorbei. Hure 3 und 2 gehn.
HURE 2 Gehst du nicht mit.
HURE 1 Ich bleib. Mir gefällts hier.
Hure 3 und 2 ab. Ein Betrunkener.
BETRUNKENER *singt:* WALDESLUST WALDESLUST He, Puppe!
JUNGER MANN Laß die Frau los.
BETRUNKENER *torkelt weiter:* O WIE EINSAM SCHLÄGT DIE BRUST
JUNGER MANN Gehn wir zusammen?
HURE 1 Heute ist Feiertag. Heute geh ich allein.

BRANDENBURGISCHES KONZERT 1
Manege. 2 Clowns.

CLOWN 1 Ich bin der König von Preußen. Ich habe mir ein Schloß gebaut in dieser schönen Gegend, weil sie mir gefällt und damit ich meinem Volk besser dienen kann, denn ich habe Hämorrhoiden und das Rheuma von den Kriegen, die ich führen mußte in Schlesien, Böhmen und Sachsen für die Ehre Preußens und die sehr berühmt sind

CLOWN 2 Ich will auch König von Preußen sein.

CLOWN 1 Du bist der Müller von Potsdam.

CLOWN 2 Habe ich auch Hämorrhoiden.

CLOWN 1 *groß:*
Hast du meine Schlachten geschlagen.

CLOWN 2 *eingeschüchtert.*

CLOWN 1 Deine Mühle steht neben meinem Schloß. Sie klappert den ganzen Tag. Da stört sie mich natürlich beim Regieren. Und beim Flötespielen, das ich sehr liebe und in dem ich ein Meister bin.

CLOWN 2 Mich stört sie nicht. Ich kann auch Flöte spielen.
Greift sich an die Hose.

CLOWN 1 Ich spiele nur ernste Musik. Ich kann mir natürlich in einer andern Gegend ein andres Schloß bauen. Schließlich bin ich der König von Preußen. Ich brauche zum Beispiel nur England zu erobern, was für mich eine Kleinigkeit wäre, wie du zugeben wirst, und ich kann mein Schloß in England bauen. Aber ich will es hier, in meinem lieben Preußen, in dieser Gegend, die mir so sehr gefällt.

CLOWN 2 Das ist meine Mühle. Ich lasse mir meine Mühle nicht wegnehmen. Wenn ich meine Mühle nicht behalten darf, spiele ich nicht mit.

CLOWN 1 Das ist gut. Ich habe mich nämlich entschlossen, gewissen Gerüchten entgegenzutreten, die meine Feinde über mich verbreitet haben, weil mein Ruhm sie nicht schlafen läßt, indem ich der Welt ein Beispiel gebe, denn ich spreche französisch und bin sehr aufgeklärt.

CLOWN 2 *schlau:* Wie kommt das Kind in den Bauch. Das ist einfach. Aber wie kommt es nicht in den Bauch.

CLOWN 1 Das ist eine philosophische Frage. Dafür habe ich jetzt keine Zeit. Ich bin der erste Diener meines Staates.

CLOWN 2 *läßt die Hosen herunter:* Mein Staat ist größer als deiner. Machst du es mit der rechten oder mit der linken Hand.

CLOWN 1 Das geht dich gar nichts an. Zieh deine Hose wieder hoch oder ich rufe den Sprechstallmeister.

CLOWN 2 *greift sich erschrocken an den Hintern und zieht schnell die Hose wieder hoch.*

CLOWN 1 In der Politik verstehe ich keinen Spaß. Ich bin der erste Diener meines Staates.

CLOWN 2 *lacht und hält sich erschrocken die Hand vor den Mund.*

CLOWN 1 Darum, wenn es mir auch das Herz bricht, und es wird mir das Herz brechen, ich weiß es bestimmt, werde ich zu dir gehen, der König von Preußen zu dem Müller von Potsdam, und dir den Befehl geben, daß du deine Mühle anderswo aufstellen sollst, weil sie mich beim Regieren stört und beim Flötespielen. Aber du wirst dich nicht einschüchtern lassen, sondern mir entgegentreten als ein deutscher Mann und mir ins Gesicht sagen, daß du einen Gewerbeschein hast und eine Baugenehmigung und daß du deine Mühle nicht woanders aufstellen willst und wenn ich dreimal der König von Preußen bin, weil es noch Richter in Berlin gibt, und deine Mühle wird stehen bleiben neben meinem Schloß, obwohl sie den ganzen Tag klappert und meine Regierung stört, für die ich die äußerste Konzentration brauche, weil ich alles allein machen muß, denn in Preußen pißt kein Hund ohne meine ausdrückliche Erlaubnis und ich bin ein Tierfreund, sowie mein Flötenspiel, das ich sehr liebe und in dem ich ein Meister bin, aber ein König ist kein Mensch, sondern der erste Diener seines Staates, *Clown 2 lacht und hält sich erschrocken die Hand vor den Mund* und wenn es ihm das Herz bricht, und es wird mir das Herz brechen, ich weiß es bestimmt. *Weint.* Hast du dir alles gemerkt.

CLOWN 2 Der Löwe.

Ein Löwe tritt auf. Clown 2 hängt sich an ein Trapez, das vom Schnürboden herunterkommt. Clown 1 hängt sich an Clown 2 und klettert an ihm hoch. Clown 2 ist kitzlig und läßt, von Lachkrämpfen geschüttelt, das Trapez los. Sie fallen auf den Löwen, der in zwei Teile zerbricht, die nach verschiedenen Seiten abgehn. Das Trapez verschwindet im Schnürboden.

CLOWN 1 Jetzt haben wir den Löwen kaputt gemacht.
CLOWN 2 Du hast den Löwen kaputt gemacht.
CLOWN 1 Du hast losgelassen.
CLOWN 2 Weil du mich gekitzelt hast.

Pause. Clown 1 denkt.

CLOWN 1 Wir sagen einfach, der Löwe war nicht hier.
CLOWN 2 Sie werden uns nicht glauben.

Pause. Clown 1 denkt.

CLOWN 1 Wir sagen, es gibt gar keine Löwen.
CLOWN 2 Ja, das ist gut.
CLOWN 1 Jetzt fangen wir an.
CLOWN 2 Und wo ist meine Mühle.
CLOWN 1 Du mußt sie dir eben vorstellen. Ich muß mir mein Schloß auch vorstellen. Hast du keine Fantasie.
CLOWN 2 Nein. Ich weiß, wie ich es mache. Ich werde den Müller spielen und die Mühle.
CLOWN 1 Das gilt nicht. Eine Mühle kann jeder spielen, aber wie soll ich mein Schloß spielen. Ein Schloß kann man sich nur vorstellen.
CLOWN 2 Dafür ist es auch viel schöner.
CLOWN 1 *strahlt:* Ja, das ist wahr.

Auftritt Direktor mit Peitsche.

DIREKTOR Was habt ihr mit dem Löwen gemacht.
CLOWN 2 *stellt sich hinter Clown 1.*
CLOWN 1+2 Es gibt keine Löwen.

Dem Direktor fällt die Kinnlade herunter. Er hebt sie auf und geht, sich scheu umblickend, ab.

CLOWN 1 Jetzt fangen wir an. Zuerst kommt das Regieren. Wo ist mein Stuhl.

Stuhl vom Schnürboden, Clown 1 will sich setzen, Clown 2 schleicht sich hinter ihn, zieht den Stuhl weg, CLown 1 setzt sich nicht, richtet sich wieder auf.

CLOWN 1 Halt. Wir haben etwas vergessen. Mein Windspiel. Ohne mein Windspiel kann ich nicht regieren.
CLOWN 2 Dein Windspiel?
CLOWN 1 Ja. Wo ist mein Windspiel.

Hund vom Schnürboden.

CLOWN 2 Haha. Das soll ein Windspiel sein. Das ist ja ein Hund.
CLOWN 1 *streng:* Ein Windspiel ist ein Hund. Der Stuhl steht zu weit hinten.

CLOWN 2 Du stehst zu weit vorn.
CLOWN 1 Ja. Der Stuhl steht zu weit hinten und ich stehe zu weit vorn.
CLOWN 2 Ich weiß, was wir machen. Du gehst nach hinten und ich trage den Stuhl nach vorn.
CLOWN 1 Ja, das ist gut.
Sie tun es.
CLOWN 1 Jetzt steht der Stuhl zu weit vorn und ich stehe zu weit hinten.
CLOWN 2 Wir haben es falsch gemacht. Ich muß den Stuhl nach hinten tragen und du mußt nach vorn gehen.
CLOWN 1 Ja.
Der Stuhl verschwindet im Schnürboden.
CLOWN 1 Der Stuhl ist weg.
CLOWN 2 Ja, ich sehe ihn auch nicht mehr.
CLOWN 1 Ich werde mich auf dich setzen, du bist mein Stuhl.
CLOWN 2 Und wer ist die Mühle.
CLOWN 1 Eins nach dem andern.
Clown 2 läßt sich auf Hände und Knie nieder, Clown 1 setzt sich auf ihn.
CLOWN 1 Jetzt regiere ich, und du mußt klappern.
Clown 2 steht auf, Clown 1 fällt um.
CLOWN 1 Du kannst nicht einfach aufstehn, während ich regiere.
CLOWN 2 Jetzt bin ich die Mühle. Du mußt dir den Stuhl eben vorstellen.
CLOWN 1 Ja.
Clown 1 setzt sich in die Luft.
CLOWN 2 ES KLAPPERT DIE MÜHLE AM RAUSCHENDEN BACH KLIPP KLAPP KLIPP KLAPP KLIPP KLAPP
CLOWN 1 Länger kann ich mir den Stuhl nicht vorstellen.
CLOWN 2 Warum regierst du nicht im Stehen.
CLOWN 1 Das geht nicht. Ich glaube, ich höre auf mit dem Regieren. Es ist zu schwer. Wir machen jetzt das Flötenspiel.
CLOWN 2 Spielen wir mit meiner Flöte oder spielen wir mit deiner Flöte. Ich weiß, wie wir es machen; Du spielst mit meiner Flöte und ich spiele mit deiner Flöte.
CLOWN 1 Du hast keine Flöte, du bist der Müller von Potsdam. Fang an.
CLOWN 2 Ich bin der Müller von Potsdam. Der König von

Preußen ist mein Nachbar. Meine Mühle steht neben seinem Schloß. Ich habe gehört, daß meine Mühle den König von Preußen beim Regieren stört und beim Flötespielen, weil sie den ganzen Tag klappert, und er will zu mir kommen, der König von Preußen zu dem Müller von Potsdam, und mir den Befehl geben, daß ich meine Mühle woanders aufstellen soll. Aber da kommt er bei mir an den Richtigen. Ich habe nämlich einen Gewerbeschein, und eine Baugenehmigung habe ich auch. Jawohl. *Clown 1 applaudiert.* Der soll nur kommen, der Arschficker, mit seinem Windspiel und mit seinem Krückstock. Ich werde ihm zeigen, was eine Harke ist. Es gibt noch Richter in Berlin. Jawohl. *Clown 1 applaudiert.* Ich werde sein Windspiel durch den Wolf drehn und aus seiner Krücke Kleinholz machen. *Clown 1 applaudiert.* Ich werde ihm den Arsch aufreißen, ich bin ein deutscher Mann. Jawohl. *Clown 1 applaudiert.* Was heißt hier König. Regieren kann jeder –

CLOWN 1 Halt. Du mußt auf dem Boden der Legalität bleiben.

CLOWN 2 Was ist das.

CLOWN 1 Das ist französisch und heißt SCHUTTABLADEN VERBOTEN.
Jetzt kommt mein Auftritt.
Clown 1 fällt über seinen Krückstock auf die Nase.

CLOWN 2 Trittst du immer mit der Nase auf.

CLOWN 1 Ich bin der König von Preußen, mein Schloß steht neben deiner Mühle, und ich befehle dir, Müller von Potsdam, deine Mühle anderswo aufzustellen, weil sie den ganzen Tag klappert, was mich beim Regieren und beim Flötespielen stört.

CLOWN 2 Ich bin der Müller von Potsdam. *Seine Knie fangen an zu schlottern. Es versucht sie mit den Händen festzuhalten.* Ich bin ein deutscher Mann. *Fällt um, steht wieder auf vor dem drohenden Krückstock, fällt wieder um.*

CLOWN 1 *mit erhobener Krücke:* Wenn du jetzt nicht deine Rolle spielst, sage ich dem Direktor, daß du den Löwen kaputt gemacht hast. Ich kenne dich. Das machst du nur, weil du mich vor den Leuten blamieren willst, aus Bosheit.

CLOWN 2 *steht wieder auf und fällt wieder um. Auf Händen und Knien.* Bestimmt nicht. Ich gebe mir wirklich Mühe. Siehst du, wie ich schwitze. Es kommt einfach über mich.

Ich kann nichts dagegen tun. Es haut mir die Beine weg. Es kommt von innen. Es ist eine Naturgewalt.

CLOWN 1 *böse:* Ich werde dir zeigen, was eine Naturgewalt ist. *Schlägt ihn.* Ich bin der erste Diener meines Staates.

Clown 2 leckt an dem Krückstock und fängt an, ihn aufzuessen. Den Stock essend, richtet er sich an ihm auf, bis er stocksteif dasteht. Marschmusik, die in Schlachtendonner übergeht. Der Bühnenhintergrund öffnet sich vor einem Feuer, aus dem Sprechblasen aufsteigen: JEDER SCHUSS EIN RUSS JEDER TRITT EIN BRIT JEDER STOSS EIN FRANZOS und in das Clown 2 im Paradeschritt hineinmarschiert.

CLOWN 1 Ich hatte es mir eigentlich anders vorgestellt, weil ich französisch spreche und sehr aufgeklärt bin. Aber so geht es natürlich auch.

Der Hund, ebenfalls im Paradeschritt, folgt Clown 2.

CLOWN 1 *zu dem Hund:* ET TU, BRUTE!

BRANDENBURGISCHES KONZERT 2

Schloß. Kaltes Buffet. Ein Empirestuhl. Im Hintergrund Gesang: ALS DAS KRAFTWERK WURDE VOLKES EIGEN

EIN GENOSSE *stellt vor:* Das ist der Maurer von der Stalinallee. Held der Arbeit seit heute. Nimm Kaviar, Genosse, den kriegst du nur hier. Du hast ihn bezahlt mit der Stalinallee. Er hat Friedrich den Einzigen von Berlin nach Potsdam kommandiert, weil der uns in der Sonne stand Unter den Linden, mit vier Mann für dreimal weniger Geld als von den Experten aus dem Westen vorgesehn war und in Weltbestzeit. Am Kalten Buffett ist er neu. Was willst du. Wenn wir Kohlsuppe löffeln mit der Bevölkerung, machen sie Hackfleisch aus uns, hier ist Deutschland, Genosse. Diktatur des Prolitariats auch in der Küche. Essen ist Parteiarbeit. Der rote ist besser.

Ab. Der Maurer, mit Kopfverband, ißt. Präsident.

PRÄSIDENT Das ist dein Tag, Genosse. Du siehst aus
Als ob er dir zu lang wär.

MAURER Lang genug.

PRÄSIDENT Dein Kopf?

MAURER Das ist der Dank der Arbeiterklasse.
Sie wollten mich zum Denkmal umarbeiten.
Das Material kam aus dem vierten Stock.
Und wenn ihr mir noch einen Orden anhängt
Könnt ihr mich als Ersatzmann aufstelln nächstens
Unter den Linden für den Alten Fritz.

PRÄSIDENT Die Steine, die sie auf uns schmeißen heute
Genosse, passen morgen in die Wand.
Was liegt dir sonst im Magen.

MAURER Das Kalte Buffet.

PRÄSIDENT Du wirst dich dran gewöhnen müssen. Ich habs auch gelernt.

EIN GENOSSE Genosse Präsident
Die Künstler warten.

PRÄSIDENT Ich muß auf den Laufsteg.

Ab. Musik. Brandenburgisches Konzert. Maurer setzt sich auf den Empire-Stuhl.

MAURER Das ist der richtige Stuhl für meinen Hintern.

Friedrich der Zweite von Preußen als Vampir.

FRIEDRICH 2 Will Er nicht aufstehn, Kerl, vor seinem König.

MAURER Ich hab gedacht, der paßt auf keinen Stuhl mehr.
Ich zeig dir, wo Gott wohnt.

Geht auf Friedrich 2 los. Der schlägt ihn mit der Krücke.

He. Das ist mein Kreuz.

Zerbricht die Krücke überm Knie. Friedrich der Zweite geht ihn von hinten an.

Bei mir bist du verkehrt. Fick deinen Hund.

Schüttelt ihn ab. Friedrich der Zweite geht ihm an die Kehle.

Hast du noch Durst, du Vieh. Geh Wasser saufen.

Kampf. Auftritt Genosse mit Tablett. Friedrich der Zweite verschwindet.

GENOSSE Das schickt der Präsident. Bier und Kotlett
Damit du dir den Magen nicht verdirbst
Eh du dich dran gewöhnt hast, am Kalten Buffet.

MAURER *ißt das Kotelett und trinkt das Bier.*

HOMMAGE A STALIN 1

Schnee. Schlachtlärm. Drei Soldaten. Ihre Körper sind nicht mehr vollständig. Auftritt im Schneetreiben ein junger Soldat.

SOLDAT 1 Da kommt Nachschub.
SOLDAT 2 Er hat noch alles.
SOLDAT 3 Wer ist dran.
SOLDAT 1 Ich.
SOLDAT 2 Woher, Kamerad?
JUNGER SOLDAT Aus der Schlacht
SOLDAT 3 Wohin, Kamerad?
JUNGER SOLDAT Wo keine Schlacht ist.
SOLDAT 1 Deine Hand, Kamerad.
Reißt ihm den Arm aus. Der junge Soldat schreit. Die Toten lachen und fangen an, den Arm abzunagen.
SOLDAT 3 *den Arm anbietend:* Hast du keinen Hunger?
Der junge Soldat verdeckt sein Gesicht mit der verbliebenen Hand.
SOLDAT 1 Das nächste mal bist du dran. Der Kessel hat für alle Fleisch.
STIMMEN: Vive l'empereur.
Es lebe der Kaiser.
SOLDAT 1 Das ist Napoleon. Er kommt jede dritte Nacht.
Napoleon geht vorbei. Er ist bleich und dick. Er schleift einen Soldaten seiner Großen Armee an den Füßen hinter sich her.
Das geht in Ordnung. Es sind seine Leichen. Ohne ihn wären sie nicht hier. Und er zählt nach, er ist filzig. Kameradschaft gibt es nur bei uns. Willst du wirklich nichts essen?
Hinter Napoleon ist Cäsar aufgetaucht, grünes Gesicht, die Toga blutig und durchlöchert.
Der Grüne hinter ihm ist Cäsar. Der hat sein Fett, dreiundzwanzig Löcher.
SOLDAT 2 Wenn du den Arsch nicht mitzählst. *Lachen.*
SOLDAT 1 Er lebt vom Fechten. Seine Leichen hat er auf Sperrkonto: die Schlachtfelder liegen zu tief.
SOLDAT 3 Warum hat er sich nicht eingeteilt, der Makkaroni.
SOLDAT 1 Manchmal läßt Napoleon ihm ein Bein ab. *Lacht.* Oder einen Arm. *Wirft Cäsar den abgenagten Arm zu.* Bei uns braucht keiner zu hungern. *Cäsar nimmt den Arm auf*

und verschwindet im Schneetreiben.
Der junge Soldat läuft schreiend weg.

SOLDAT 3 Der kommt wieder. Der Kessel ist dicht.
Immer mehr Soldaten taumeln und kriechen auf die Bühne, fallen, bleiben liegen. Dann treten überlebensgroß in verrosteten Harnischen die Nibelungen Gunther, Hagen, Volker und Gernot auf.

GUNTHER *auf den Toten herumsteigend:* Simulanten. Drükkeberger. Defätisten. Feiges Pack.

VOLKER Die glauben, wenn sie verreckt sind, haben sie alles getan, was von ihnen verlangt werden kann.

HAGEN *höhnisch:* Die glauben, sie haben es hinter sich.

GERNOT Die werden sich wundern.

GUNTHER Nehmt eure Schwerter auf, ihr Nibelungen.
Die Hunnen kommen wieder. GOTT MIT UNS.
Die Nibelungen bewaffnen sich mit Leichen und Leichenteilen und werfen sie brüllend auf imaginäre Hunnen, so daß ein unregelmäßiger Wall aus Leichen entsteht.

GUNTHER Sieh, Attila, die Ernte unsrer Schwerter.
Die Nibelungen setzen sich auf den Leichenwall, nehmen die Helme ab und trinken aus ihren Hirnschalen Bier.

GERNOT Immer dasselbe.
Die andern sehen ihn an, empört.
Ich sage nicht, daß ich nicht mehr mitmachen will. Aber worum geht es eigentlich.

VOLKER Hast du Siegfried schon vergessen, den die Hunnen im Odenwald –

HAGEN *hebt seine Hirnschale:* Rache für Siegfried.

GUNTHER und VOLKER *ebenso:* Rache für Siegfried.

GERNOT *zu Hagen:* Aber ich habe doch selbst gesehen. Ich meine, das weiß doch jeder, daß du ihn.

GUNTHER Wir alle haben gesehen, wie Hagen den Speer aus der Wunde zog, mit dem die Hunnen aus dem Hinterhalt unsern Siegfried –

GERNOT Ich habe gesehen, wer den Speer geworfen hat.

GUNTHER Er war ein Verräter.

GERNOT Wer.

GUNTHER Siegfried. Ich wollte es dir eigentlich nicht sagen. Man soll der Jugend ihre Illusionen lassen, solange es irgend geht. Jetzt weißt du es.

GERNOT Ich weiß immer noch nicht, warum wir uns hier mit den Hunnen herumschlagen.

VOLKER Bist du ein Hunne, daß du zum kämpfen einen Grund brauchst.

HAGEN Weil wir aus dem Kessel nicht herauskommen, darum schlagen wir uns mit den Hunnen herum.

GERNOT Aber wir brauchen doch nur aufzuhören, und es gibt keinen Kessel mehr.

GUNTHER Hat er aufhören gesagt.

VOLKER Er hat es immer noch nicht gelernt.

HAGEN Der lernt es nie.

GUNTHER Wir dürfen die Hoffnung nicht aufgeben. Er ist kein Hunne.

VOLKER Wir werden ihn schon hinbiegen.

HAGEN Jedenfalls müssen wir jetzt anfangen. Zeit ist Geld.

Die drei stehen auf, bewaffnen sich und gehen auf Gernot zu. Der springt auf.

GERNOT Ich will nicht jede Nacht sterben. Ich finde das langweilig. Es macht mir keinen Spaß. Ich möchte auch mal etwas anderes machen. Das mit den Frauen zum Beispiel. Ich habe vergessen, wie es heißt.

HAGEN *höhnisch:* Er hat vergessen, wie es heißt.

VOLKER Das ist die Jugend von heute. Sie hat keine Ideale mehr.

GUNTHER Was meinst du, wozu deine Mutter dich geboren hat. Wir werden es solange üben, bis du es im Schlaf kannst.

Die drei Nibelungen schlagen in einem längeren Kampf den vierten in Stücke. Dann masturbieren sie gemeinsam.

VOLKER *masturbierend:* „Ich möchte auch mal etwas anderes machen. Das mit den Frauen zum Beispiel. Ich habe vergessen, wie es heißt."

Die Nibelungen lachen.

HAGEN *ebenso:* Ich weiß schon nicht mehr, was das ist, eine Frau. Ich glaube, ich würde das Loch nicht mehr finden.

Die Nibelungen lachen.

GUNTHER *ebenso:* Der Krieg ist Männerarbeit. Jedenfalls geht das Geld jetzt nur noch in drei Teile. Das Loch im Kessel werden wir schon finden.

Die Nibelungen lachen.

VOLKER *stimmt seine Geige.*

GUNTHER Laß deine Geige aus dem Spiel. Ich kenne deine Tricks. Er will uns weichmachen mit seiner Gesangsnummer. SCHLAFE MEIN PRINZCHEN SCHLAF EIN. Und dann haut er ab und reißt sich die Sore allein unter den Nagel.

HAGEN Besser, wir machen ihn gleich fertig.

GUNTHER Los.

Bewaffnen sich.

VOLKER Kameraden.

Schlagen ihn in Stücke.

GUNTHER Jetzt sind es nur noch wir beide.

HAGEN Einer zu viel.

Schlagen einer den andern in Stücke. Einen Augenblick Stille. Auch der Schlachtlärm hat aufgehört. Dann kriechen die Leichenteile aufeinander zu und formieren sich mit Lärm aus Metall, Schreien, Gesangsfetzen zu einem Monster aus Schrott und Menschenmaterial. Der Lärm geht weiter bis zum nächsten Bild.

HOMMAGE A STALIN 2

Kneipe. Sirenen. Glockenläuten.

Wirt. Zwei Kleinbürger. Eine Gestalt: Der Schädelverkäufer.

KLEINBÜRGER 1 Stalin ist tot.

KLEINBÜRGER 2 Lang hats gedauert.

WIRT Achtung.

Drei Huren.

KLEINBÜRGER 1 Wie wärs mit uns, Kollegin.

HURE 3 Geh nach Hause, Kleiner. Mama weint.

HURE 2 Darfst du überhaupt schon aufbleiben.

HURE 1 Es gibt keine Mütter mehr.

KLEINBÜRGER 1 Warum nicht in Schwarz, meine Damen, an einem Tag wie heute.

HURE 2 Bei uns sitzt es tiefer. *Zeigt schwarze Unterwäsche.*

KLEINBÜRGER 2 Ein Bier für die Witwen und Waisen.

HURE 1 Wir trinken nur Sekt.

WIRT Hier ist nicht der Kudamm.

HURE 3 Weil Sies sind.

Bier.

KLEINBÜRGER 1 Sekt. Das Handwerk hat einen goldenen Boden.

KLEINBÜRGER 2 Ein Loch, wenn du mich fragst.

WIRT Ein goldenes.

HURE 2 *zu Kleinbürger 1:* Wir arbeiten nicht mit der Hand, mein Herr.

KLEINBÜRGER 1 Ich wollte Sie nicht beleidigen, meine Dame. Ich bin selbst nur ein einfacher Handwerker.

HURE 2 Pfui.

KLEINBÜRGER 1 Mundwerk ist besser als Handwerk. *Lacht.*

HURE 3 Verschluck dich nicht, mein Sohn.

HURE 2 *auf die Gestalt:* Wer ist das Gespenst. Huh!

HURE 1 *wartet die Wirkung ab, keine Wirkung:* Es hat sich nicht bewegt.

KLEINBÜRGER 2 Vielleicht ein Denkmal.

HURE 1 Das ist Haarmann. Seht ihr den Sack unterm Stuhl. Er hat wieder einen auseinandergenommen, und in dem Sack da hat er die Teile drin. Wo die Jacke absteht, ist das Messer.

KLEINBÜRGER 2 Bei dem Fleischpreis ist sowas schon beinah Notwehr.

KLEINBÜRGER 1 Ich will nicht wissen, wen alles ich schon gegessen hab.

HURE 3 Haarmann kanns nicht sein. Der sieht anders aus, mehr rundlich. Ich hab ihn gesehn. Am Dienstag wars. Er hatte das Messer schon draußen. Mensch, hab ich gebrüllt. Und weg war er, wie ein Schatten.

KLEINBÜRGER 1 Sie haben ein Gespenst gesehn, meine Dame. Haarmann ist im Himmel.

HURE 2 Der ist taubstumm.

HURE 3 Jedenfalls geh ich heute nicht allein nach Hause.

KLEINBÜRGER 1 *klappt Taschenmesser auf:* Wie darfs denn sein.

HURE 3 *kreischt.*

Auftreten vier Maurer.

DICKER MAURER Der trinkt kein Bier mehr.

GENERAL Das muß gefeiert werden.

JUNGER MAURER Was willst du damit sagen, General.

GENERAL Was ich gesagt hab. Bier.

HILSE Sei froh, General
Daß dich der Russe auf den Bau geschickt hat.

GENERAL Ich hab nur meine Pflicht getan als Deutscher.
HILSE Ich hätt euch alle an die Wand gestellt.
GENERAL Das fragt sich noch, wer eher an der Wand steht.
JUNGER MAURER *zu Hure 1:* Das ist sie. Im Oktober sinds vier Jahre.
Ich hab Sie überall gesucht. Wie gehts.
HURE 2 Wen hast du da an Land gezogen, Mädchen.
KLEINBÜRGER 2 Vier Jahre. Der hats eilig.
KLEINBÜRGER 1 *singt:* ROSEMARIE. ROSEMARIE
SIEBEN JAHRE MEIN HERZ NACH DIR SCHRIE.
HURE 2 Junger Mann
Ich glaube, Sie sind auf dem falschen Dampfer.
JUNGER MAURER Was machen Sie zum Beispiel heute abend.
HURE 2 Er wills nicht wissen. Mensch, muß Liebe schön sein.
HILSE Bleib weg da, Junge. Das ist nichts für dich.
HURE 1 Ich glaub nicht, daß ich heute abend Zeit hab.
JUNGER MAURER Warten Sie hier auf einen Kapitalisten.
HURE 3 Schön wärs.
HURE 1 Ich muß jetzt gehn.
JUNGER MAURER Gehn wir zusammen.
Hure 1 allein ab.
KLEINBÜRGER 1 Sie ist noch Jungfrau.
Kleinbürger 1 und Kleinbürger 2 lachen.
JUNGER MAURER *zu Hure 3 und 2:* Hat sie einen andern.
KLEINBÜRGER 1 Nie sollst du mich befragen, Lohengrin.
KLEINBÜRGER 2 Er kann nicht weiter zählen als bis eins.
HURE 3 *weint:* Das ist die Liebe.
Junger Maurer geht. Hilse will ihn zurückhalten.
JUNGER MAURER Ich brauch keinen Vormund
Junger Maurer stößt Hilse zurück.
GENERAL *lacht.*
DICKER MAURER Warum mischst du dich ein.
GENERAL Der Aktivist.
Aktivist mit Kopfverband setzt sich an den Tisch der Maurer. Die Maurer setzen sich an einen andern Tisch.
GENERAL Ein schöner Kopf.
DICKER MAURER Ja. Es soll Leute geben
Die können unter keinem Stein vorbeigehn
Der vom Gerüst fällt.
AKTIVIST Seid ihr noch gesund.

KLEINBÜRGER 1 *betrunken:*
Ich sage, es gibt Krieg. Was sagst du.
KLEINBÜRGER 2 *ebenso:* Von mir aus.
HURE 3+2 *singen:* WIR KOMMEN ALLE ALLE IN DEN HIMMEL
Huren und Kleinbürger singend ab.
GENERAL Kann sein, manches wird anders hier demnächst
Und manche Leute haben nichts zu lachen.
Pause.
DICKER MAURER Der Deutsche läßt sich viel gefalln. Nicht alles.
Pause.
HILSE Was willst du damit sagen, General.
GENERAL Ich rieche Menschenfleisch, sagte der Riese.
Ab. Nach ihm der dicke Maurer.
AKTIVIST Feine Gesellschaft.
HILSE Nicht so fein wie deine.
AKTIVIST Mir haben sie erzählt, du bist ein Roter.
Pause.
HILSE Ein Arbeiterverräter bin ich nicht.
Ab.
AKTIVIST Gib mir noch einen Schnaps. Ich kanns gebrauchen
Wenn ich nach Hause komm. Ich trau mich schon
Nicht mehr nach Hause. Jeden Tag was Neues.
Gestern der Teppich. Heute das BUFFET.
Mir haben sie einen Orden aufgehängt.
Seitdem spielt meine Frau die Dame, weil
Ich in der Zeitung steh.
WIRT Adel verpflichtet.
AKTIVIST Wenn ich gewußt hätt, was die Prämie kostet.
Pause. Ein Betrunkener.
WIRT Du hast genug.
BETRUNKENER Ich bin ein freier Mensch.
WIRT Und das ist mein Lokal.
BETRUNKENER Ich war schon links
Als dein Lokal noch Sturmlokal war, braun mit SA.
Setzt sich zu dem Aktivisten.
Bestell mir einen Schnaps, Kamerad.
Du bist Prolet, ich bin Prolet. Wir müssen
Zusammenhalten gegen den Kapitalismus.

Gegen den Sozialismus auch. Ich war
Im KJV seit 24. Mir macht
Keiner was vor. In Stalingrad im Kessel
Haben sie mich ausgekocht. Das war kein Krieg mehr.
Wir hätten Gras gefressen, aber ich hab
Kein Gras gesehn. Wir haben keinen Knochen
Gefragt, ob er vom Pferd ist oder ICH
HATT EINEN KAMERADEN.
Aber der Mensch gewöhnt sich. Wer sitzt hier.
Ich war der einzige Unteroffizier
Der eine Kompanie unter sich hatte.
Der Hauptmann war krepiert, die Leutnants auch.
Wir sind herausgekommen aus dem Kessel
Wir waren vierundzwanzig, bis auf zehn.
Ich hab sie durchgebracht. Ich war in Ordnung.
Und meine Jungens waren auch in Ordnung.

AKTIVIST Du mußt es wissen.

BETRUNKENER Ja. Grad heute hab ich
Einen getroffen. Sitzt im Ministerium.
Staatssekretär oder wie das jetzt heißt.
Der Junge hat es weit gebracht: ganz oben.
Aber mich hat er gleich erkannt. Bist dus, Chef.
Immer der Alte, sag ich. Und er: Komm, wir machen
Ein Faß auf. Ich mit. Seine Frau war giftig
Als wir mit Bier auf dem Parkett den Kessel
Rekonstruieren wollten, unsern Kessel.
Er hat sie eingeschlossen in der Küche.
Dann haben wir den Kessel rekonstruiert.
Und nach der vierten Flasche frag ich ihn:
Kannst du noch robben, Willi, altes Schwein.
Und was soll ich dir sagen, du glaubst es nicht:
Der konnte noch. So gut war meine Schule.
Schüttet Bier auf den Tisch.
Das ist die Wolga. Hier ist Stalingrad.

AKTIVIST Das ist mein Bier.

BETRUNKENER Dich intressierts nicht, was.
Der Krieg ist nicht zu Ende. Das fängt erst an.
Mich kratzt es nicht mehr. Ich kenn den Arsch der Welt
Von innen wie von außen. *Ab.*

Der Junge Maurer und Hure 1.

JUNGER MAURER *zum Aktivisten:* Das ist ein Mädchen.

He, Aktivist. Du hast die Taschen voll
Mit unserm Geld für deine rote Norm
AKTIVIST Du wirst es auch noch lernen.
JUNGER MAURER Nicht von dir.
Wir brauchen eine Wohnung.
HURE 1 Du hasts eilig.
JUNGER MAURER Jetzt kann ich nicht mehr schludern auf dem Bau.
Kann sein, ich bau an meiner eignen Wohnung.
AKTIVIST Ich hab dir gleich gesagt, du lernst es noch.
JUNGER MAURER Dich brauch ich nicht dazu.
AKTIVIST Dafür gibts andre.
HURE 1 *singt:* SO SCHÖN WIE HEUT SO SOLL ES IMMER BLEIBEN
Ich glaub, ich hab zu viel getrunken.
JUNGER MAURER Komm.
Ich bring dich heim.
HURE 1 Ich muß zur Arbeit.
JUNGER MAURER Nachtschicht?
HURE 1 Ja, ich hab immer Nachtschicht.
Der Schädelverkäufer ist aufgestanden, nimmt seinen Sack auf und nähert sich, leicht schwankend.
HURE 1 Was will der.
JUNGER MAURER Das ist der Weihnachtsmann. Fehlt Ihnen was?
SCHÄDELVERKÄUFER Ein schönes Paar. Gestatten Sie, daß ich Ihnen ein kleines Souvenir anbiete. *Holt einen Totenschädel aus dem Sack. Hure 1 schreit.* Ein Memento mori für das neue Heim. MITTEN WIR IM LEBEN SIND / VON DEM TOD UMFANGEN. Ich habe ihn selbst ausgegraben. Und dreimal abgekocht. Ein sauberes Exemplar. 18. Jahrhundert nach dem Grabstein. Und es ist ein guter Schädel, fühlen Sie die Schläfe. Die Erde bringt es an den Tag. Hier ist gedacht worden, mein Herr, die Theodizee des großen Leibniz hatte Platz in diesem Hohlraum. Der Materialismus ist ein Irrtum, glauben Sie mir.
HURE 1 *lacht:* Der ist komisch.
SCHÄDELVERKÄUFER Sie können auch ein Skelett haben. Eine philosophische Flurgarderobe. Legen Sie ab, meine Dame. So viel, mein Herr? Ein Skelett kostet natürlich mehr. Man findet selten ein vollständiges Skelett. Wer

weiß, was die Toten mit ihren Knochen anstellen. *Kichert.* Ich habe da meine Vermutungen. Lassen wir das. Fünfzig der Schädel.

HURE 1 Ich hab Angst.

JUNGER MAURER Das werden wir gleich haben.

SCHÄDELVERKÄUFER Das ist geschenkt, mein Herr. Es handelt sich nicht um Reichsmark. Ich komme knapp auf die Spesen.

JUNGER MAURER Packen Sie Ihre Klamotte ein, Chef.

HURE 1 Ich möchte gehn.

SCHÄDELVERKÄUFER Entschuldigen Sie.

Hure 1 und junger Maurer ab. Pause.

SCHÄDELVERKÄUFER Ich würde gern noch das eine oder andere Glas von Ihrem vorzüglichen Schnaps trinken, aber leider, ich bin nicht mehr flüssig. Nehmen Sie den Schädel in Kommision.

WIRT Und bei der Auferstehung wird er eingelöst, wie. Ob Sie das eine oder das andre trinken, ist Ihre Angelegenheit, aber bezahlt wird bar.

AKTIVIST Schlägst du die auch selber tot, Kollege?

SCHÄDELVERKÄUFER *setzt sich an den Tisch des Aktivisten:* Ich arbeite beim Tiefbau. Sozusagen. Wir transportieren Friedhöfe unter Ausschluß der Öffentlichkeit. Umbetten, wie es in der Sprache der Hinterbliebenen heißt. Ich bin ein Hinterbliebener, ich bette um. UNDER BLUOMEN UNDE GRAS. Wir arbeiten nachts. Unter Alkohol, wegen der Infektionsgefahr. GRAUT LIEBCHEN AUCH VOR TOTEN. Für mich eine Tätigkeit von einiger Pikanterie: Ich war Historiker. Ein Fehler in der Periodisierung, das Tausendjährige Reich, Sie verstehn. Seit mich die Geschichte an die Friedhöfe verwiesen hat, sozusagen auf ihren theologischen Aspekt, bin ich immun gegen das Leichengift der zeitlichen Verheißung. Das goldene Zeitalter liegt hinter uns. Jesus ist die Nachgeburt der Toten. Kennen Sie Vergil.

SCHON ENTSTEIGT EIN NEUES GESCHLECHT DEM
ERHABENEN HIMMEL
SCHLIESST DIE EISERNE ZEIT UND BEFREIT VOM
SCHRECKEN DIE LÄNDER.
SEHT WIE ALLES ENTGEGEN ATMET DEM
NEUEN JAHRHUNDERT

DAS GEFLÜGELT HERAUFKOMMT MIT GESCHENKEN
DER ERDE;
SANFT MIT ÄHREN WIRD VON SELBER VERGOLDEN
DIE FLUR SICH
AUCH AM WILDERNDEN DORN WIRD ROT ABHANGEN
DIE TRAUBE
AUS HARTSTÄMMIGEN EICHEN WIE TAU WIRD
TROPFEN DER HONIG
ZU VERSUCHEN DAS MEER IM GEBÄLK, ZU SCHIRMEN
DIE STADT MIT
MAUERN, DEN GRUND MIT DER FURCHE ZU SPALTEN
IST DA KEINE NOT MEHR.

WIRT Herrschaften, heben Sie den Arsch von meinen Stühlen. Polizeistunde.

DIE HEILIGE FAMILIE

Führerbunker. Hitler, erstarrt in einer seiner Posen. Eine Glocke schlägt Mitternacht. Hitler bewegt sich, gähnt, macht ein paar Schritte, probiert seine Posen, trinkt aus einem Kanister Benzin usw.

HITLER Josef!

Goebbels, mit Klumpfuß und riesigen Brüsten, hochschwanger.

GOEBBELS Mein Führer!

HITLER *beklopft den Bauch des schwangeren Goebbels:* Was macht unser Garant. Bewegt er sich? Brav. Trinkst du dein Benzin? *Zieht Goebbels an den Brustwarzen.* Ist das Euter stramm, wie es sich gehört für eine deutsche Mutter? Brav. Nährstand Wehrstand.

GOEBBELS Wir haben nur noch für drei Tage Benzin.

HITLER Beeil dich mit der Niederkunft. Wache!

Wache in schwarzer Uniform mit Eberkopf.

HITLER *während er den kichernden Goebbels in den Hintern kneift:* Das Frühstück!

Wache ab. Ein Soldat. Hitler ißt ihn, den Kopf zuletzt. Niest, spuckt und klaubt sich die Haare aus dem Maul. Ich habe befohlen, daß meine Männer rasiert werden, bevor ich sie esse. Schweinerei!

Niest und trinkt Benzin.

GOEBBELS Ich darf darauf aufmerksam machen, mein Führer, daß der Kreis der Geheimnisträger klein gehalten werden muß. Das deutsche Volk liebt Sie als Vegetarier. Wir haben Schwierigkeiten mit dem Personal, der Friseur kann den Ariernachweis nicht erbringen. Der vorige ist abkommandiert, er rasiert Herrn Stalin. Die Wege der Vorsehung sind wunderbar.

HITLER *brüllt:* Arglist! Heimtücke! Verrat! Ich bin von Verrätern umgeben. Sie wollen mich umbringen. Sie legen mir Bomben ins Bett. Sie schütten mir Messer ins Essen. Sie tun Gift in mein Benzin. Ich werde sie köpfen. Ich werde sie aufhängen. Ich werde sie vierteilen. *Heult, beißt in den Teppich, immer heulend. Kriecht zu Goebbels, legt den Kopf an seine Brüste, greint.*

GOEBBELS *streichelt und wiegt ihn:* Du bist der größte. Du bist stärker als alle. Sie können dir nichts tun. Du wirst sie bestrafen.

HITLER *noch in der gleichen Stellung:* Ja. Finger abhacken. Hände. Arme. Beine. Ohren abschneiden. Nase abschneiden. *Kichernd und zappelnd.* Pimmel ausreißen.

GOEBBELS *droht mit dem Finger:* Man sagt nicht Pimmel.

HITLER *wirft sich auf den Boden, strampelt:* Du hast Pimmel gesagt. Gib zu, daß du Pimmel gesagt hast. Verräter. Du bist auch ein Verräter.

GOEBBELS *schnell:* Ich habe Pimmel gesagt. Ich gebe es zu. Gnade, mein Führer.

HITLER *steht auf, nimmt die Pose Napoleons ein:* Siehst du. Dafür mußt du mir jetzt die Stiefel lecken.

Goebbels stürzt sich auf Hitlers linken Stiefel.

HITLER Den rechten zuerst.

Goebbels stürzt sich auf den rechten Stiefel.

Wache!

Wache.

Den Rapport.

WACHE Ein Hund ist oben vorbeigelaufen.

HITLER Hörst du, Josef. Sie maskieren sich. Sie wagen es nicht mehr, uns offen entgegenzutreten. Aber ich durchschaue sie. Ich durchschaue alles. Ein Hund. Lächerlich! Weiter.

WACHE Er hat ins Gras gepißt. Das ist alles, mein Führer.

HITLER Halte die Augen offen. Der Feind ist überall.

WACHE Jawohl, mein Führer.

Wache ab.

HITLER Ich werde mich jetzt an mein Volk wenden. Mein Volk.

Goebbels greift sich an den Bauch, schreit, wälzt sich schreiend am Boden.

HITLER Eine deutsche Mutter schreit nicht. Wache!

Wache.

HITLER Die Hebamme soll geholt werden. Es ist soweit.

Wache ab.

Das sind die Wehen. Die Wehen haben eingesetzt. Ich kenne das aus meiner ersten Ehe. *Goebbels gebärdet sich hysterisch.* Bist du immer noch eifersüchtig auf den guten alten Ernst? Ja, er war ein Verräter. Auch er. Weißt du noch, was er für Augen gemacht hat, als er meinen Revolver sah. Damit hatte er nicht gerechnet. Die kleine Schlampe. Wie seine Backen zitterten. Er war ein wenig fett geworden in der letzten Zeit. Ich habe das ganze Magazin leergeschossen auf ihn. Meine Hand hat nicht gezittert. Ihr habt ihn festgehalten, weißt du noch. Du und Herrmann. Auch ein Verräter. Ich bin von Verrätern umgeben. Mein Rücken ist eine einzige Narbe. Dolchstoß um Dolchstoß. Überall lauern sie mir auf. Da. Und da. *Geht immer schneller auf und ab, sich immer wieder plötzlich umdrehend.* Sie sind hinter mir. Sie wagen es nicht, mir entgegenzutreten. Sie halten sich hinter mir. Siehst du. Aber ich kriege sie alle. Die Vorsehung hält ihre Hand über mich.

Wache.

WACHE Der Hund ist wieder vorbeigelaufen. Er hat wieder gepißt. Die Hebamme.

Germania, riesig, mit Hebammentasche.

GERMANIA *boxt Hitler vor den Bauch, rüttelt an seinen Zähnen usw.* Wie gehts dir, mein Junge. Trinkst du dein Benzin? Ißt deine Männer? Brav.

Sie greift ihm an die Hoden.

HITLER *verschämt:* Mama!

GERMANIA Immer noch dein Ödipuskomplex? *Lacht.*

HITLER Das ist eine jüdische Schweinerei.

GERMANIA Davon will ich nichts mehr hören. Ich habe genug Ärger gehabt mit deinen Judengeschichten. Es gibt

Leute, die zeigen mit Fingern auf mich. Heute noch. Manche grüßen nicht einmal.

HITLER Der Jude –

Germania haut ihm eine Ohrfeige. Hitler heult.

GERMANIA Das Becken ist zu eng. Das wird eine Zangengeburt. Keine Angst, es ist nicht meine erste. Aber noch sind wir nicht so weit. Ohne Fleiß kein Preis. Beine auf. Und durchatmen. Und pressen. So. Und eins, und zwei.

Wache.

WACHE Die Heiligen Drei aus dem Abendland.

HITLER Hörst du, Josef. Man interessiert sich wieder für uns. Wir sind wieder wer. Die Welt –

GOEBBELS WOLLT IHR DEN TOTALEN –

GERMANIA Schnauze.

HITLER *zur Wache:* Die Ehrenkompanie!

GERMANIA *zu Goebbels:* Du hättest etwas Rouge auflegen können.

HITLER Eine deutsche Mutter –

GERMANIA Ich muß mit der Zeit gehn, wenn ich wieder ins Geschäft kommen will.

Schminkt Goebbels eine Nuttenmaske. So. *Zu Hitler:* Und daß mir keine Panne passiert. Können die Männer ihren Text?

HITLER Die Vorsehung –

GERMANIA Ich würde es lieber genau wissen.

Die Ehrenkompanie. Hundeköpfe, weißer Flor über schwarzer Uniform, blutige Stiefel, Engelsflügel, nimmt Aufstellung.

GERMANIA Sie hätten sich die Stiefel putzen können. Muß ich alles allein machen. Schlamperei!

Die Heiligen Drei schreiten die Front ab.

HEILIGER 1 Unsre Saat ist aufgegangen.

HEILIGER 2 Mir gefallen die Stiefel nicht.

HEILIGER 3 Veto. Mir gefallen sie auch nicht.

HEILIGER 1 Wir sollten nicht vergessen, worum es geht.

HEILIGER 2 Der Kommunismus ist eine schreckliche Bedrohung.

HEILIGER 3 Besonders in seelischer Hinsicht.

HEILIGER 1 Wenn man nur an die Kinder denkt.

EHRENKOMPANIE *bellt:* FREIHEIT DEMOKRATIE ABENDLAND FRIEDEN EIGNER HERD IST GOLDES WERT LIEBER TOT ALS ROT NUR DER TOTE INDIANER IST

EIN GUTER INDIANER JEDEM DAS SEINE EINHEIT IN SAUBERKEIT.

GERMANIA *aufatmend:* Das hat geklappt.

HEILIGER 1 Was habe ich gesagt.

HEILIGER 2 Wirklich. Ein neuer Geist.

HEILIGER 3 Schließlich, Stiefel kann man putzen.

GOEBBELS *brüllt:* WOLLT IHR DEN TOTALEN –

HITLER In diesem historischen Augenblick –

Goebbels entfährt ein gewaltiger Furz, eine Wolke von Gestank verbreitend, der die Heiligen Drei umwirft.

EHRENKOMPANIE Sieg Heil Sieg Heil Sieg Heil.

Die Heiligen Drei zucken zusammen, halten sich die Nasen zu, stehn auf.

GOEBBELS Mein Führer

GERMANIA *zu Hitler:* Hoffentlich ist es kein Windei. Mit dir war nie viel los im Bett.

Hitler knurrt.

HEILIGER 3 Es riecht nicht gut, wie.

HEILIGER 2 Es riecht wirklich nicht sehr gut.

HEILIGER 1 Man soll sich nicht an Kleinigkeiten stoßen.

HEILIGER 3 Es ist schließlich nur natürlich.

HEILIGER 2 Menschliches ist mir nicht fremd.

HEILIGER 3 Vielleicht sollten wir jetzt die Geschenke.

HEILIGER 2 Wir müssen nicht bis zum Schluß bleiben.

HEILIGER 3 Schließlich geht alles seinen Gang.

HEILIGER 1 Die Geschenke!

Soldaten der Heiligen Drei bringen die Geschenke und gehn wieder ab.

HEILIGER 3 Ein Satz Folterwerkzeuge. Ich habe sie selbst ausprobiert. Ich glaube, Sie haben da ein Sprichwort. WAS EIN HÄKCHEN WERDEN WILL.

HEILIGER 2 Ein historisches Spielzeug für den lieben Kleinen. Ich bin damit aufgewachsen. Stärkt das Selbstgefühl. Die Bedienung ist einfach. Sie stellen die Kanone auf, laden, binden Ihren Mann davor und Peng! Dazu ein Satz Farbige.

HEILIGER 1 Eine Kleinigkeit für Ihre Küche. Er ist ein frisches Exemplar. Wenig beschädigt. Die Jagd war gestern. Wir haben alle unsre kleinen Schwächen.

HITLER *groß:* Ich esse keine Farbigen.

HEILIGER 2 Peinlich, dieser Fanatismus.

HEILIGER 3 Er ist wirklich kein Umgang.

HEILIGER 1 Wir dürfen ihn nicht vor den Kopf stoßen. Gott weiß, wann wir ihn wieder brauchen.

GERMANIA *zu Hitler:* Wir müssen mit der Zeit gehn. Du auch. Bedank dich bei den Herrschaften.

Hitler knurrt und leckt den Heiligen Drei knurrend die Schuhe. Langer Schrei von Goebbels.

GERMANIA Herrschaften, es ist so weit. Wo ist meine Zange. Fassen Sie mal mit an.

Germania setzt die Zange an, zieht, Heiliger 1 zieht an Germania, zwei an eins, drei an zwei.

HITLER Mein Volk!

EHRENKOMPANIE DEUTSCHLAND ERWACHE! SIEG HEIL!

DIE HEILIGEN DREI HALLELUJAH! HOSIANNA!

Ein Wolf heult. Germania und die drei Heiligen fallen auf den Hintern. Vor ihnen steht ein Contergan-Wolf.

DIE HEILIGEN DREI *betreten:* Oh!

Germania steht auf, nimmt eine Familienpackung SUNIL aus der Hebammentasche und schüttet sie über den Wolf aus. Weißes Licht. Der Wolf steht im Schafspelz.

GERMANIA *zu den Heiligen Drei:* Sagten Sie etwas?

Der Wolf zerreißt die Negerpuppe. Hitler foltert Germania, die von der Ehrenkompanie festgehalten wird. Goebbels tanzt einen Veitstanz.

GERMANIA *schreit.*

HITLER *lacht.*

EHRENKOMPANIE DEUTSCHLAND ERWACHE! SIEG HEIL!

GOEBBELS *immer tanzend:*

ACH WIE GUT, DASS NIEMAND WEISS
DASS ICH RUMPELSTILZCHEN HEISS

WOLF *heult.*

DIE HEILIGEN DREI *in der Position der drei Affen:*

HALLELUJA! HOSIANNA!

Hitler lädt die Kanone. Germania wird von der Ehrenkompanie vor die Kanone gebunden. Mit der Detonation fällt der Vorhang.

DAS ARBEITERDENKMAL
Bau.

POLIER Ein Neuer. Ministerium bis gestern. *Ab.*
DICKER MAURER Wer hoch steigt fällt tief.
DER NEUE Lieber Bau als Knast.
GENERAL Hier kannst du dir den Staat von unten ansehn.
HILSE General, du bist zum Arbeiter befördert.
GENERAL Dein Kreuz, Minister.
Packt dem Minister seine Hucke auf. Ein Angestellter hängt ein Spruchband auf WIR ERHÖHEN UNSERE NORM.
JUNGER MAURER Habt ihr das gesehn.
GENERAL Wir wolln schon wieder mehr arbeiten.
DICKER MAURER Und
Für weniger Geld.
GENERAL Und nicht mehr lange.
JUNGER MAURER Du bist
Der Held.
HILSE *zum General:* Juckt dich dein braunes Fell
GENERAL Heil Stalin.
HILSE Ich schlag dich tot.
GENERAL Das hab ich auch gelernt.
Der Angestellte kommt wieder und nimmt das Spruchband weg.
HILSE Was soll das.
DICKER MAURER Rein in die Kartoffeln, raus
Aus den Kartoffeln.
ANGESTELLTER Was weiß ich. Ich mach
Was mir gesagt wird.
MINISTER Das ist der neue Kurs.
Ich war dagegen. Jetzt bin ich dafür.
GENERAL Soll ich euch sagen, was los ist. Die haben
Die Hosen voll.
DICKER MAURER Es liegt was in der Luft.
HILSE Was für ein neuer Kurs.
MINISTER Demokratie
Die Norm wird diskutiert eh sie erhöht wird.
GENERAL Hier ist nicht Rußland. Wir sind keine Kulis.
DICKER MAURER Der Deutsche läßt sich viel gefalln. Nicht alles.
HILSE Fürs Reden wirst du nicht bezahlt, General.

Du auch nicht. Da gibts Arbeit.
GENERAL *Faust:* Kennst du das noch
Thälmann. WENN UNSER STARKER ARM ES WILL.
HILSE Geh an die Arbeit oder geh vom Bau.
Sirenen.
JUNGER MAURER Ist wieder wer gestorben?
HILSE Was ist los?
GENERAL Noch nicht, mein Junge.
DICKER MAURER *zu Hilse:* Dreimal darfst du raten.
STIMME Kollegen, legt die Arbeit nieder. Streik.
GENERAL *zu Hilse:* Ich habs mir überlegt. Ich geh vom Bau.
Wirft ihm die Kelle vor die Füße.
STIMME Kollegen. Auf die Straße. Wir marschieren
Zum Ministerium.
GENERAL Jetzt wird deutsch geredet
Mit den Genossen.
DICKER MAURER Die verstehn bloß russisch.
Lacht über seinen Witz.
GENERAL Amerikanisch werden sie verstehn.
HILSE Hier spricht RIAS Berlin.
MINISTER Das geht zu weit, ja.
GENERAL *zu Hilse.*
Wer fragt dich, Russenknecht.
DICKER MAURER *zu Hilse:* Der Bart ist ab, Franz.
GENERAL Mir nach, wer kein Streikbrecher sein will.
Ab.
DICKER MAURER Habt ihr
Die Hosen voll.
JUNGER MAURER *zu Hilse:* Willst du allein arbeiten.
HILSE Mich macht ihr nicht verrückt.
DICKER MAURER Was ist mit dir
Minister. Gehst du mit der Arbeiterklasse?
Ich geb dir einen Rat: wer nicht für uns ist
Ist gegen uns.
JUNGER MAURER Mein erster Streik. Ein Seemann
Muß alles kennen.
Geht, mit Kelle.
HILSE Weißt du, wem du nachläufst.
JUNGER MAURER Halt mir die Kelle, bis ich wiederkomm
Drückt ihm seine Kelle in die Hand. Hilse steht, in jeder Hand eine Kelle.

Junger Maurer ab.

HILSE Ihr wollt Arbeiter sein.

DICKER MAURER *lacht:* Wer? Ich?

MINISTER Der Russe
Ist auch noch da.

DICKER MAURER Ja, und der Amerikaner.
Ab.

MINISTER Ich weiß nicht, ob das gut geht. Aber so kanns
Nicht weitergehn!
Läßt seine Hucke fallen und geht ab.

HILSE Mich macht ihr nicht verrückt.
Sortiert die zerbrochenen Steine aus, ersetzt sie, nimmt die Hucke auf.
Aast mit dem Material. Sowas will streiken.
Arbeitet. Jugendliche, kahlköpfig, mit Fahrrädern.

ERSTER JUGENDLICHER Hast du Tomaten auf den Augen,
Opa?
Heute ist schulfrei.

ZWEITER JUGENDLICHER Der redet nicht mit uns.

DRITTER JUGENDLICHER Paß auf, daß du dir keinen Bruch
hebst, Vater
Akkord ist Mord.

ERSTER Der hat nicht alle Tassen

ZWEITER Vater muß Mäuse machen, Mami braucht
Ein neues Becken.

DRITTER So gehts schneller, Opa.
Wirft einen Stein auf Hilse, der Steine schleppt.

HILSE Halbstarker. Macht daß ihr vom Bau kommt.

ZWEITER Opa
ist lebensmüde.

DRITTER Das ist die letzte Warnung.
Danach wird scharf geschossen, Vater. Schmeiß hin.

ERSTER Geh mit dem Volk, sonst kriegst du Ärger, Opa.

HILSE Rotzjunge, was weißt du.

ERSTER *wütend, wirft einen Stein:* Alter Idiot.
Dir rieselt ja der Kalk schon aus den Ohren.
Mensch, der ist so verkalkt, aus dem kannst du
Schon nicht mal mehr Leim kochen.

ZWEITER Schnell ins Grab,
Opa, sonst kriegst du keinen Platz mehr. Deine
Genossen stehn schon Schlange vor dem Friedhof.

HILSE *wütend.*
Wir haben für euch. Und ihr. Ihr –
DRITTER *kalt:* Ich kenn welche
Die sitzen heute noch. Und morgen nicht mehr.
ERSTER Opa ist rot geworden. Opa schämt sich.
ZWEITER Opa ist immer rot. Opa ist rot
Bis auf die Knochen.
ERSTER *schnell:* Das will ich sehn.
Wirft einen Stein.
ZWEITER Vorbei.
ERSTER Und jetzt. Und jetzt.
Wirft und trifft. Der alte Maurer blutet.
ZWEITER Was hab ich dir gesagt.
ERSTER Bis auf die Knochen.
He.
Plötzlicher Einfall. Kannst du tanzen, Opa?
Improvisiert einen ROCK, wirft im Rhythmus. Die andern stimmen ein.
Alle Drei werfen im Rock-Rhythmus Steine auf den Maurer.
ALLE DREI Ja –
ZWEITER Heb die Beinchen
ALLE DREI Ja
DRITTER Du lernst es, Opa.
ERSTER Und schneller, Opa.
ZWEITER Nicht einschlafen.
DRITTER He.
Du wirst uns doch nicht umfalln.
ZWEITER Opa schafft es.
DRITTER Opa schafft alles.
ERSTER Opa ist ein Stier
In Marathon.
ZWEITER Opa ist eine Wolke.
Steinhagel und Finale. Der Maurer bricht zusammen.
ZWEITER Sieht aus wie ein Arbeiterdenkmal.
ERSTER *tritt an den Maurer heran:* Mensch.
Der ist hinüber.
ZWEITER Hast du was gesehn?
DRITTER Ein Arbeitsunfall.
ZWEITER Ja, Akkord ist Mord.
Die drei schnell ab.

DIE BRÜDER 1

Der Weserstrom trennte Römer und Cherusker. An dessen Ufer trat Arminius mit den andern Häuptlingen, fragte, ob der Cäsar da sei, und auf Bejahung bat er um Erlaubnis, sich mit seinem Bruder zu unterreden. Dieser war wirklich beim Heere, Flavus genannt; er war ein Mann, der sich durch seine Ergebenheit und durch den Verlust eines Auges bemerklich machte, welchen er wenige Jahre zuvor unter Tibers Anführung erlitten. Er ging hin mit Erlaubnis, trat vor und wurde von Arminius begrüßt, welcher nach Entfernung seines Gefolges bat, daß man die an unserm Ufer aufgestellten Bogenschützen zurückziehen möchte. Nachdem die sich entfernt hatten, fragte er seinen Bruder, woher er den Schaden im Gesichte habe? Und da dieser den Ort und das Treffen nannte, fragte er weiter, welcher Lohn ihm dafür geworden sei? Flavus gab Erhöhung des Soldes, ein Halsband, einen Kranz und andere militärische Ehrengeschenke an. Arminius spottete über so schlechten Lohn seines Sklavendienstes.

Da begannen sie denn wider einander zu reden, der eine von der Größe Roms, von des Cäsars Macht und dem schweren Strafgerichte über die Besiegten, von der Gnade, die seiner warte, wenn er sich unterwerfe, auch daß seine Gattin und sein Sohn nicht als Feinde behandelt würden, der andere dagegen von der Verpflichtung fürs Vaterland, von dem alten Erbe der Freiheit, den heimatlichen deutschen Göttern, der Mutter gleichem Flehen: daß er doch nicht seiner Blutsfreunde und Verwandten, ja des ganzen Stammes Ausreißer und Verräter, statt sein Haupt sein wolle. Allmählich gerieten sie ins Schelten, und waren daran sich zu schlagen, ohne sich durch den Fluß zwischen ihnen abhalten zu lassen, doch Stertinius eilte herbei und hielt den Flavus, der zornerfüllt nach Waffen und Pferd rief. Drüben sah man den Arminius mit drohenden Gebärden, wie er die Schlacht ankündigte. Denn gar vieles schrie er manchmal auf lateinisch, weil er als Anführer seiner Landsleute unter den Römern gedient hatte.

TACITUS, ANNALEN 0016

DIE BRÜDER 2
Gefängnis

SCHLIESSER Rein in die gute Stube. Mit Komfort
Innentoilette und so weiter. *Auf das Zellenfenster:* Fernsehn
Haben wir auch. Wenn das Programm dir nicht
Gefällt, bei uns kann jeder sich was wünschen.
BRÜCKENSPRENGER Heute gefällts uns.
SCHLIESSER Hast du was gesagt?
BRÜCKENSPRENGER Warum fällt heute der Spaziergang aus.
SCHLIESSER Ihr könntet euch erkälten. Das Barometer
Steht auf veränderlich seit gestern. Hier.
Steckt dem Neuen eine Packung Zigaretten zu. Ab.
BRÜCKENSPRENGER Dem geht der Arsch mit Grundeis.
DER NEUE *blickt auf die Zigaretten:* Was ist los
Draußen.
GANDHI Gib her. Die Zigaretten.
Gandhi teilt Zigaretten aus. Übergeht den Nazi.
DER NEUE Und der?
GANDHI Der Nazi raucht nicht.
BRÜCKENSPRENGER Warum bist du hier?
GANDHI Der ist politisch.
BRÜCKENSPRENGER *zum Neuen:* Sozi?
GANDHI Kommunist.
BRÜCKENSPRENGER Hast du ein Haar gefunden in der
Suppe?
Von einem Schnurrbart? Oder wars ein Spitzbart. *Schweigen.*
GANDHI Warum fragst du, was draußen los ist.
KOMMUNIST Weil
Ichs wissen will.
GANDHI Kommst du vom Mond.
KOMMUNIST Was ist das.
GANDHI Du fragst zu viel. Das haben wir nicht gern.
BRÜCKENSPRENGER Willst du die Sterne sehn?
NAZI *vortretend:* Das ist mein Bruder.
BRÜCKENSPRENGER Der Rote?
GANDHI *lacht:* IN DER HEIMAT IN DER HEIMAT
DA GIBTS EIN WIEDERSEHN.
KOMMUNIST Mein Bruder der Spitzel.
Schweigen.
Du hast es weit gebracht.

NAZI So weit wie du.

Pause. Volkslärm von draußen. Klopfchor im Gefängnis, der während des folgenden anhält.

BRÜCKENSPRENGER *am Fenster:*
Jetzt dauerts nicht mehr lange.

KOMMUNIST *am Fenster:* Was ist das?

BRÜCKENSPRENGER Das ist der Volksaufstand.

KOMMUNIST Die sind besoffen

BRÜCKENSPRENGER Sag das noch mal, du roter Hund.

KOMMUNIST Von Freibier.

Der Brückensprenger schlägt den Kommunisten nieder.

NAZI Das ist der Brückensprenger. Sabotage.
Arbeiterklasse. Er kann dir erzählen
Wie euer Paradies von unten aussieht.

BRÜCKENSPRENGER Und wenn ich hier heraus bin, mach ich mir
Die Finger nicht mehr dreckig. Dann gehts aufwärts.

Der Kommunist will den Brückensprenger niederschlagen. Gandhi baut sich vor ihm auf.

NAZI Und das ist Gandhi. Lebenslänglich. Mord.
Gandhi arbeitet mit dem Messer. Leider
Hat er sein Messer grad nicht bei sich. Morgen
Hat er es wieder. Dann gehts auf ein Neues.
Die Nacht der Langen Messer. Weißt du noch.
Ich stand in deiner Tür. Ich war dein Bruder.
Streckt die Hand aus. Der Bruder nimmt sie nicht.
Aber mein Bruder hatte keine Hand frei.
Ich bin dein Bruder.

KOMMUNIST Ich hab keinen Bruder.

NAZI Besser, du machst das Licht aus, Bruder. Der Reichstag
Brennt hell genug und heute ist die Nacht
Der langen Messer.

KOMMUNIST Und was kriegt der Bluthund?
Mach deine Arbeit. Du kriegst meine Knochen
Wenn deine Fleischer mit mir fertig sind.
Wo sind sie. Hast du sie gleich mitgebracht.

NAZI Ich hab sie mitgebracht. Willst du sie sehn.
Das sind sie. *Reißt sich die Jacke herunter, zeigt seinen Rücken, mit alten Narben bedeckt.*
Kennst du ihre Handschrift. Sie
Ist noch zu lesen. Sie war ausgebleicht

Von zwanzig Jahren, aber deine Freunde
Haben sie aufgefrischt, aus Alt mach Neu
Damit mein Bruder was zu lesen hat
Im Urlaub, den sie ihm verordnet haben
Damit er sich erholt vom Kommunismus.
Gandhi und der Brückensprenger lachen.

KOMMUNIST Bei uns wird nicht geschlagen.

NAZI Wer ist wir?
Nazi, Gandhi und der Brückensprenger lachen.
Und weißt du noch, wie man ein Spitzel wird.
Der Kurze Lehrgang im Gestapokeller.
Mir war er lang genug. Du hast es leichter,
Am Montag Kommunist, am Dienstag nicht mehr
Weil die Partei sagt, du bists nie gewesen.
Drei Wochen lang haben sie mich behandelt
Ich hab nur Blut gespien und keine Silbe.
Dann die Entlassung. Dann wieder der Keller.
Mein Fleisch war schon ein Fetzen, und kein Name.
Ich kam heraus, mich kannte keiner mehr.
Eine Verhaftung und ich war der Spitzel.
Wer wußte, daß ich nicht gesungen hab.
Und als ich wieder in den Keller ging
In meinem Rücken nur noch meinen Rücken
Ging ich allein, für euch war ich der Spitzel.
Als ich herauskam, wars der Spitzel, der
Herauskam, auf dem Rücken seine Leiche
Die auf dem Rücken andre Leichen trug
Zerfleischt wie meiner und zerfleischt von mir.

KOMMUNIST Du kannst die Jacke wieder anziehn, Spitzel.

BRÜCKENSPRENGER Soll ich dem Roten zeigen, wer am Zug ist.

NAZI Er wirds schon merken, wenn wir draußen sind.
Volkslärm lauter. Wortsalat aus FREIHEIT DEUTSCH TOTSCHLAGEN AUFHÄNGEN.

KOMMUNIST Warum schießen sie nicht. Das kann nicht wahr sein.
Trommelt an die Tür.
Genossen, haltet das Gefängnis. Schießt.

GANDHI Das hast du nicht gesehn. Das glaubst du nicht.
Willst du die Zeit absitzen, du Idiot.

NAZI Deine Genossen haben sich verkrochen.

BRÜCKENSPRENGER Wir werden sie schon finden. Und dann wird
Geflaggt mit den Genossen. Die Fahne hoch.
Heute wird Platz an jeder Fahnenstange.
NAZI *zu seinem Bruder:* Dich hängen wir auf Halbmast.
KOMMUNIST Warum hab
Ich jetzt nicht den Revolver, mit dem ich
Dich nicht erschossen hab vor zwanzig Jahren.
Könnt ich die Zeit zurückdrehn.
GANDHI Nimm das Messer.
Es geht auch mit den Händen. Aber das will
Gelernt sein. Wenn du willst, bring ichs dir bei.
Legt ihm die Hände um den Hals.
NAZI Die Reue kommt zu spät. Man stirbt nur einmal
Und ich habs hinter mir. Ich bin gestorben.
Als ich aus deiner Tür ging in der Nacht
Der Langen Messer und aus deiner Hand
Fiel der Revolver auf die Dielenbretter
Laut wie kein Schuß, den ich gehört hab vor
Und nachher, und die Kugel für den Spitzel
Um die dein Bruder auf den Knien gerutscht war
War noch im Lauf.
KOMMUNIST Ich brech dir alle Knochen
NAZI Im Knochenbrechen war ich Spezialist.
Männer, Frauen und Kinder in Orel.
KOMMUNIST Ich wollte mir die Hand nicht dreckig machen.
NAZI Und jetzt klebt Blut dran. Das ist der Lauf der Welt.
Mach dir nichts draus, sie ist ein Schlachthaus, Bruder.
Wenn du was sehn willst hier, was Zukunft hat
Geh lieber gleich in eine Sargfabrik.
Weißt du, wie euer Sozialismus aussieht
Da wo das Herz so frei dem Menschen schlägt.
BRÜCKENSPRENGER Weil sie nichts auf den Rippen haben, darum.
KOMMUNIST Ihr Schweine. Ihr dreckigen Schweine.
GANDHI Vorsicht
Hier bist du in der Minderheit, Genosse.
NAZI Hoffentlich klappt es, eh der Russe eingreift.
BRÜCKENSPRENGER Und wenn. Der Ami läßt uns nicht im Stich.
GANDHI Gegen den Deutschen sind sie alle einig.

BRÜCKENSPRENGER Die werden sich wundern, was im Deutschen steckt.

KOMMUNIST Kann sein, dich wundert nichts mehr, wenns herauskommt.

BRÜCKENSPRENGER Lump. Vaterlandsverräter. Russenknecht.

KOMMUNIST Das hab ich auch schon mal gehört, Kollege.
Wir wurden auf dem Rennsteig transportiert
Aus einem Lager in ein andres Lager
Auf LKW's, bewacht von der SA
Mit Handschelln durch die schöne deutsche Heimat.
Es war im Frühjahr. Alle deutschen Vögel
Waren im Einsatz, und der deutsche Wald
War grün wie nur der deutsche Wald, und nur
Der Wind hatte kein Vaterland und wir nicht.
Unsre Bewacher hatten Durst. Sie hielten
An jedem dritten Ausschank, tankten Bier
Schlugen ihr Wasser ab und tankten wieder.
Für uns hatten sie sich was ausgedacht.
Bei jedem Halt führten sie uns dem Volk vor
Zum Anspein. Seht die Vaterlandsverräter.
Der deutschen Mutter wollen sie das Kind
Wegnehmen und dem deutschen Mann die Frau.
Und weiter im Gesangbuch. Und sie kamen
Kinder im Bauch und Kinder auf dem Arm
Und spien uns ihren Speichel ins Gesicht
Wir konntens nicht wegwischen mit den Handschelln.
Und vor die Kinder mußten wir uns hinknien,
Beim dritten Halt konnt ich vor deutschem Speichel
Die schöne deutsche Heimat nicht mehr sehn.
Gandhi und der Brückensprenger lachen.
Und mit geschlossnen Augen sah ich mehr.
Ich sah die deutschen Vögel scheißen auf
Den grünen deutschen Wald in Formation
Und ihre Scheiße explodierte und
Das Grün war Asche hinter ihrem Flug.
Die deutschen Kinder krochen aus den Bäuchen
Der deutschen Mütter, rissen mit den Zähnen
Den deutschen Vätern die deutschen Schwänze aus
Und pißten auf die Wunde mit Gesang.
Dann hängten sie sich an die Mutterbrust

Und soffen Blut, solang der Vorrat reichte.
Und dann zerfleischten sie sich eins das andre.
Zuletzt ersoffen sie im eignen Blut
Weil es der deutsche Boden nicht mehr faßte.

NAZI Singst du den alten Psalm. Was siehst du jetzt.
Spuckt ihm ins Gesicht. Volkslärm wird leiser und entfernt sich schnell. Geräusch von Panzern. Klopfchor aus.

BRÜCKENSPRENGER He. Habt ihr das gehört.

NAZI Verdammt.

GANDHI Was ist das.

KOMMUNIST Das sind die Panzer. Der Spuk ist vorbei.
Und ihr bleibt, wo ihr hingehört.

NAZI Mit dir.
Hörst du sie gern, die Internationale
Wenn sie gesungen wird mit Panzerketten.

KOMMUNIST So gern wie heute hab ich sie nie gehört
Gesungen von den Panzerketten, Spitzel.

BRÜCKENSPRENGER Und gleich kannst du die Engel singen hörn.
Wenigstens einer soll dran glauben heute.

GANDHI Der wills nicht anders. Seinen Kommunismus
Erlebt er sowieso nicht.

KOMMUNIST Wer bin ich.
Die drei stürzen sich auf ihn.

NACHTSTÜCK

Auf der Bühne steht ein Mensch. Er ist überlebensgroß, vielleicht eine Puppe. Er ist mit Plakaten bekleidet. Sein Gesicht ist ohne Mund. Er betrachtet seine Hände, bewegt die Arme, probiert seine Beine aus. Ein Fahrrad, von dem Lenkstange oder Pedale oder beides oder Lenkstange, Pedale und Sattel entfernt worden sind, fährt von rechts nach links schnell über die Bühne. Der Mensch, der vielleicht eine Puppe ist, läuft hinter dem Fahrrad her. Eine Schwelle fährt aus dem Bühnenboden. Er stolpert darüber und fällt. Auf dem Bauch liegend sieht er das Fahrrad verschwinden. Die Schwelle verschwindet von ihm ungesehn. Wenn er aufsteht und sich nach der Ursache für seinen Sturz umsieht, ist der Bühnenboden wieder glatt. Sein Verdacht fällt auf seine Beine. Er versucht sie sich im Sitzen auszureißen, in der Rückenlage, aus dem Stand. Die Ferse am Gesäß, den Fuß mit beiden Händen packend, reißt er sich das linke Bein aus, dabei aufs Gesicht gefallen in der Bauchlage das rechte. Er liegt noch auf dem Bauch, wenn das Fahrrad von links nach rechts langsam an ihm vorbei über die Bühne fährt. Er bemerkt es zu spät und kann es kriechend nicht einholen. Sich aufrichtend und seinen schwankenden Rumpf mit den Händen abstützend, macht er die Entdeckung, daß er seine Arme zur Fortbewegung gebrauchen kann, wenn er den Rumpf in Schwung bringt, nach vorn wirft, mit den Händen nachgreift usw. Er übt die neue Gangart. Er wartet auf das Fahrrad, erst am rechten, dann am linken Portal. Das Fahrrad kommt nicht. Der Mensch, der vielleicht eine Puppe ist, reißt sich, den rechten mit der linken und den linken mit der rechten Hand, gleichzeitig beide Arme aus. Hinter ihm fährt bis in Kopfhöhe die Schwelle aus dem Bühnenboden, diesmal, damit er nicht fällt. Vom Schnürboden kommt das Fahrrad und bleibt vor ihm stehen. An die kopfhohe Schwelle gelehnt betrachtet der Mensch, der vielleicht eine Puppe ist, seine Beine und Arme, die weit verstreut auf der Bühne herumliegen und das Fahrrad, das er nicht mehr gebrauchen kann. Er weint mit jedem Auge eine Träne. Zwei Beckett-Stachel in Augenhöhe werden von rechts und links hereingefahren. Sie halten am Gesicht des Menschen, der vielleicht eine Puppe ist, er braucht nur den Kopf zu wenden, einmal nach rechts, einmal nach links, den Rest besorgt der Stachel. Die Stachel werden hinausgefahren, jeder ein Auge auf der Spitze. Aus den leeren Augenhöhlen des Menschen, der vielleicht eine Puppe ist, kriechen Läuse und verbreiten sich schwarz über sein Gesicht. Er schreit. Der Mund entsteht mit dem Schrei.

TOD IN BERLIN 1

Ein Armenkirchhof ragt, schwarz, Stein an Stein.
Die Toten schaun den roten Untergang
Aus ihrem Loch. Er schmeckt wie starker Wein.
Sie sitzen strickend an der Wand entlang
Mützen aus Ruß dem nackten Schläfenbein
Zur Marseillaise, dem alten Sturmgesang. (Georg Heym)

TOD IN BERLIN 2

Krebsstation. Hilse. Der junge Maurer.

JUNGER MAURER Wie gehts dir, Alter
HILSE Wenn du mich fragst, mir
Gehts nicht gut. Aber ich bin bloß die Hälfte
Von mir, die andre hat der Krebs gefressen.
Und wenn du meinen Krebs fragst, dem gehts gut.
JUNGER MAURER Das hab ich nicht gewußt. Ich hab gedacht
Das sind die Steine, die sie auf dem Bau
Auf deinen Knochen abgeladen haben
Vor vierzehn Tagen, weil du nicht gestreikt hast.
HILSE Das hab ich auch gedacht. Jetzt weiß ichs besser.
Wenn du dich erst einläßt mit den Weißkitteln.
Die finden was. Die lassen keinen aus.
JUNGER MAURER Scheiß auf den Krebs. Der hört auch wieder auf.
HILSE Du bist kein Doktor. Du brauchst nicht zu lügen.
Wir sind eine Partei, mein Krebs und ich.
Hier meine Hand greift keine Kelle mehr.
Mein letztes Bier stinkt auf den Rieselfeldern
Soll ich dir sagen, was ich noch mal möchte.
Das ist das einzige auf der Welt, mein Junge
Wovon du nicht genug kriegst. Meine Hand drauf.
Mir kannst dus glauben. Ich hab alles durch.
JUNGER MAURER Ja.
Was soll ich machen. Sie ist eine Hure.
Ich hab gedacht, sie ist die Heilige Jungfrau.
Und angegeben mit ihr wie ein Idiot
Und keiner hat mir was gesagt und alle
Habt ihrs gewußt, du auch, und krumm gelacht
Habt ihr euch über den Idioten, der
Sich eine Hure aus dem Rinnstein fischt
Und präsentiert sie als die Heilige Jungfrau.
Habt ihr ihn alle dringehabt bei ihr.
Weißt du, was das für ein Gefühl ist, Alter
Wenn du mit einem Engel durch Berlin gehst
Du denkst, sie ist ein Engel, schön wie keine
Die du gehabt hast vor ihr, und ich kann sie
Nicht an den Fingern abzähln, aber so
War keine, wenn du ihre Beine siehst

Zum Beispiel, bist du schon besoffen, und
Jetzt gehst du durch Berlin mit ihr und alles
Was einen Schwanz hat, dreht sich um nach ihr und
Bei jedem, der sich nach ihr umdreht, denkst du
Vielleicht hat er ihn dringehabt bei ihr.
Wenn dir zum Beispiel einer sagt, deine
Partei, für die du dich geschunden hast
Und hast dich schinden lassen, seit du weißt
Wo rechts und links ist, und jetzt sagt dir einer
Daß sie sich selber nicht mehr ähnlich sieht
Deine Partei, vor lauter Dreck am Stecken
Du gehst die Wände hoch und ohne Aufzug.
KOMM ZU MIR AUS DEM RINNSTEIN. Gestern hat sies mir
Gesagt. Alles. Und ich hab nicht gewußt
Bis gestern, wie lang eine Nacht ist. Und jetzt
Kommt das Verrückte: alles ist wie vorher.
Ich bin besoffen, wenn ich sie bloß anseh.
KOMM ZU MIR AUS DEM RINNSTEIN. Bloß manchmal wird mir
Ein Messer umgedreht zwischen den Rippen.
KOMM ZU MIR AUS DEM RINNSTEIN. Ich hab sie gefragt
Ob sie schon eine Leitung legen kann
WASSER FÜR CANITOGA Schwanz an Schwanz.
Frag mich warum. Weißt du, was sie gesagt hat.
„Ich hab sie nicht gezählt." – Was soll ich machen.
Sie kriegt ein Kind. Sie sagt, es ist von mir.

HILSE Hast du sie mitgebracht.

JUNGER MAURER Sie wartet draußen.

Ab. Herzton. Das Sterben beginnt. Der junge Maurer kommt zurück mit dem Mädchen.

HILSE Die rote Rosa. So trifft man sich wieder.
Hat dir die Spree das Blut schon abgewaschen.
Bleich siehst du aus. Haben sie dir zugesetzt
Die Ratten im Landwehrkanal. Die Hunde.
Die feigen Hunde. Die sind schlimmer als
Die Ratten. Und ich wett mit jedem, du
Warst lieber zwischen den Abwässern aus
Den Knochenmühlen wo dich jeder kennt als
Im EDEN. Ja, so sieht ihr Paradies aus.
Das Paradies der Schieber und der Schlächter.

MÄDCHEN Was redet der.

JUNGER MAURER Ich sags dir nachher. Laß ihn.
HILSE Das Wasser hat dich nicht behalten, Rosa.
Und wenn sie aus uns allen Seife machen
Dein Blut wäscht ihnen keine Seife ab.
Wars kalt im Schauhaus. Weißt du auch, Genossin
Daß ich dich aus der Nähe erst gesehn hab
Ich meine so wie jetzt, im Januar
Als deine Augen blind warn, auf der Bahre.
Wir gingen dran vorbei zwölf Stunden lang
Dann hinter euren Särgen durch Berlin
Und kein Wort und der Himmel war aus Blei.
Jetzt siehst du jünger aus. *Verschmitzt:* Ich weiß warum.
Erkennst du mich. Ich bin der ewige Maurer.
Die Pyramiden in Ägypten, eine
Festung gegen die Zeit, sind meine Handschrift.
Rom hab ich auch gebaut, auf sieben Bergen
Nach jedem Brand neu und nach jedem Krieg neu.
Das Kapitol zum Beispiel und die Säule
An der sich Cäsar ausgeblutet hat
Die dreiundzwanzig Messer in den Rippen.
Und dann die Wolkenkratzer in New York.
Und immer war es für die Kapitalisten
Zehntausend Jahre lang. Aber in Moskau
War ich zum ersten mal mein eigner Chef:
Die Metro. Hast du sie gesehn. Und jetzt
Hab ich die Kapitalisten eingemauert
Ein Stein ein Kalk. Wenn du noch Augen hättest
Könntst du durch meine Wände scheinen sehn
Die roten Fahnen über Rhein und Ruhr.
JUNGER MAURER Du mußt was sagen. Irgendwas.
Der stirbt jetzt.
MÄDCHEN Ich kann sie ohne Augen sehn –
Der junge Maurer souffliert.
MÄDCHEN Genosse.
Die roten Fahnen – *Der junge Maurer souffliert.*
Über Rhein und Ruhr. *Der sterbende Maurer lächelt.*
HILSE Ists euch zu still draußen in Friedrichsfelde.
MÄDCHEN Nein. Manchmal hören wir die Kinder spielen.
Sie spielen Maurer und Kapitalist.
HILSE *lacht:* Und keiner will der Kapitalist sein.
MÄDCHEN Ja. *Der Herzton hat aufgehört. Stille.*

AUSREISEN

MOTIV BEI A. S.

Debuisson auf Jamaika
Zwischen schwarzen Brüsten
In Paris Robespierre
Mit zerbrochenem Kinn.
Oder Jeanne d'Arc als der Engel ausblieb
Immer bleiben die Engel aus am Ende
FLEISCHBERG DANTON KANN DER STRASSE KEIN FLEISCH GEBEN
SEHT SEHT DOCH DAS FLEISCH AUF DER STRASSE
JAGD AUF DAS ROTWILD IN DEN GELBEN SCHUHN.
Christus. Der Teufel zeigt ihm die Reiche der Welt
WIRF DAS KREUZ AB UND ALLES IST DEIN.
In der Zeit des Verrats
Sind die Landschaften schön.

"All the News
That's Fit to Print"

VOL. CXXVI . . . No. 43,391

Utah Court, Gran
Authorizes Deat

Appeal of 4-to-1 Decisi —Prisoner Makes Ple

Special to The

SALT LAKE CITY, Nov. 10—The Utah Supreme Court, by a vote of 4 to 1, ruled today that a convicted murderer, who had asked to die "like a man," can be executed by a firing squad next Monday.

The decision, unless changed, would make Gary Mark Gilmore the first person to be executed in the United States since 1967. There are 443 other persons on death rows in the country.

Meanwhile, groups opposed to the death penalty began seeking the means at least to stay Mr. Gilmore's execution. There was widespread confusion about how to proceed, however.

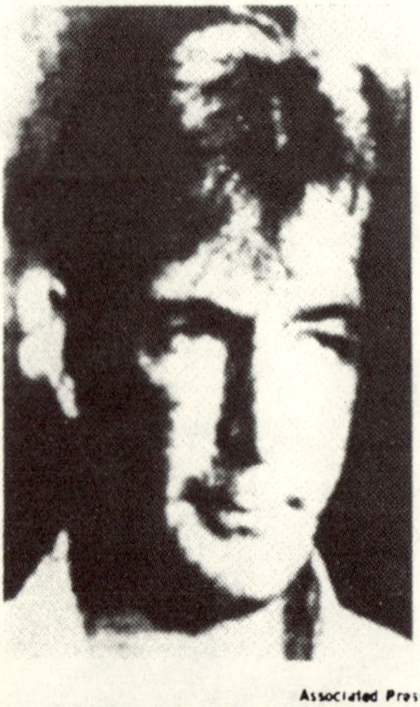

Associated Press

Gary Mark Gilmore leaving cour in Salt Lake City yesterday.

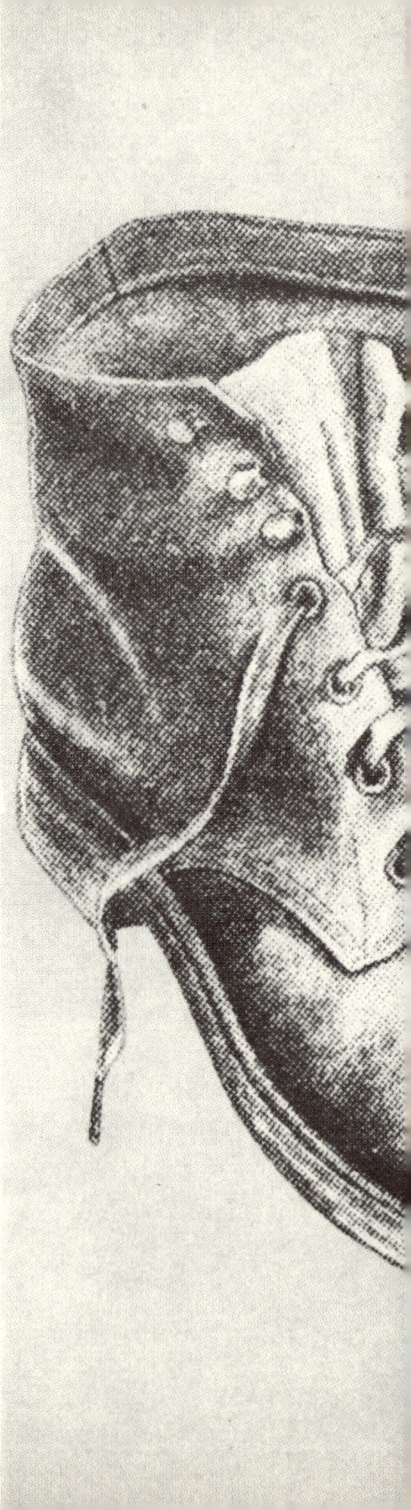

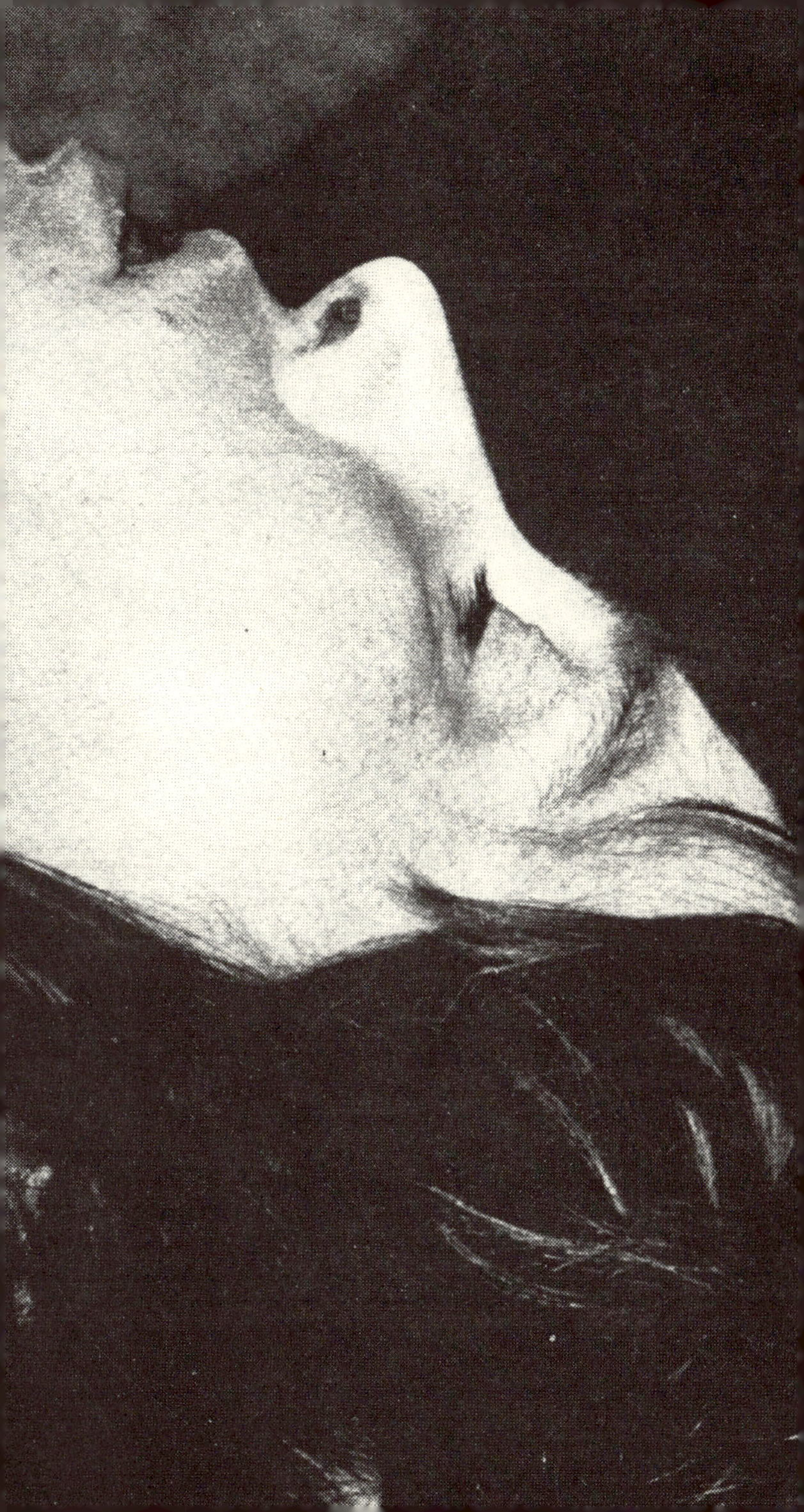

"All the News
That's Fit to Print"

VOL. CXXVI . . . No. 43,391

Utah Court, Granting Kill
Authorizes Death by Fir

Appeal of 4-to-1 Decision Is Still
—Prisoner Makes Plea to 'Die L

Special to The New York Times

SALT LAKE CITY, Nov. 10—The Utah Supreme Court, by a vote of 4 to 1, ruled today that a convicted murderer, who had asked to die "like a man," can be executed by a firing squad next Monday.

The decision, unless changed, would make Gary Mark Gilmore the first person to be executed in the United States since 1967. There are 443 other persons on death rows in the country.

Meanwhile, groups opposed to the death penalty began seeking the means at least to stay Mr. Gilmore's execution. There was widespread confusion about how to proceed, however.

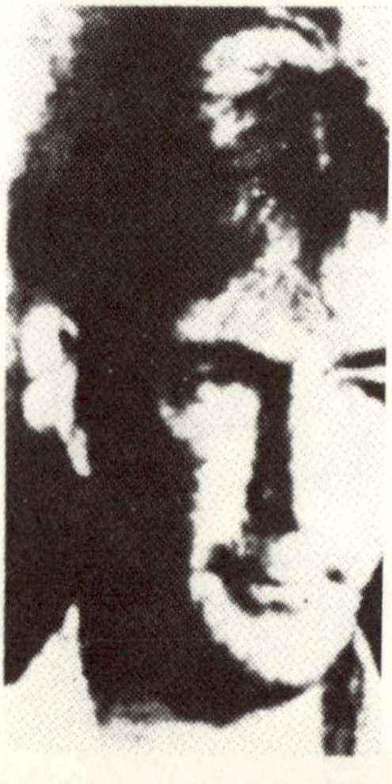

Associated Press

Gary Mark Gilmore leaving court in Salt Lake City yesterday.

Today's decisio
3-to-2 decision by
day that granted
said, "The stay c
granted is withdr
any appeal on be
dismissed forthwi

The dissenting
D. Frank Wilkins,
were still unreso
believe they can
court with delibe
liberately within
few days that hav

Appeal

The 35-year-old
last month in th
young motel man
fendant dismissed
torney last week
attorney's plan to
asked the Utah S
his execution to b
squad at dawn on
by his trial judge.

Mr. Gilmore app
cuffs and white pr
believe I was give
think the sentence
willing to accept i
it to be carried out

If the sentence i
uled, it will be the
the United States S
down a decision la
capital punishmen
unconstitutional.

The decision uph

Continued on P

ne New

Times Company NEW YORK,

s Wish,
Squad

Possibility
a Man'

ich reversed a
h court on Mon-
y of execution,
ution heretofore
nd vacated and
Gary Gilmore is

on by Justice
ding that there
blems, said, "I
solved by this
ed, but not de-
e period of the
d."

jected

r was convicted
g in July of a
Provo. The de-
rt-appointed at-
ne rejected the
his case, and
Court to allow
d out by firing
y, the day set

oday in hand-
b, and said: "I
ir trial, and I
roper, and I'm
man and wish
t delay."
out as sched-
xecution since
Court handed
2 saying that
not inherently

aws of Texas,

Column 4

Emperor Hirohito and E

Celebration
Hirohito

TOKYO, Nov. 10—Some
brated the 50th anniversar
Hirohito's reign today. Ot
and some even protested.

The feelings behind th

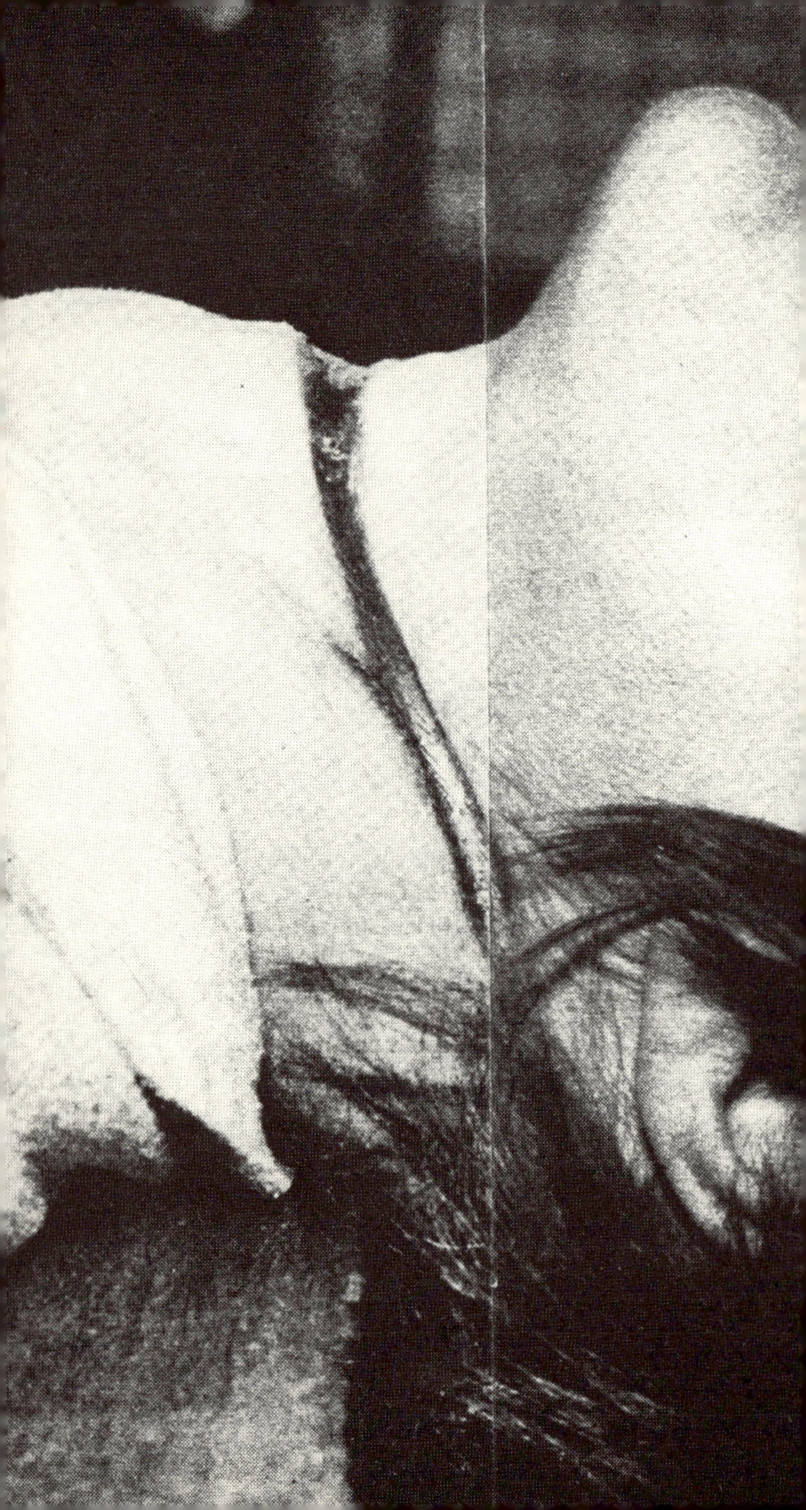

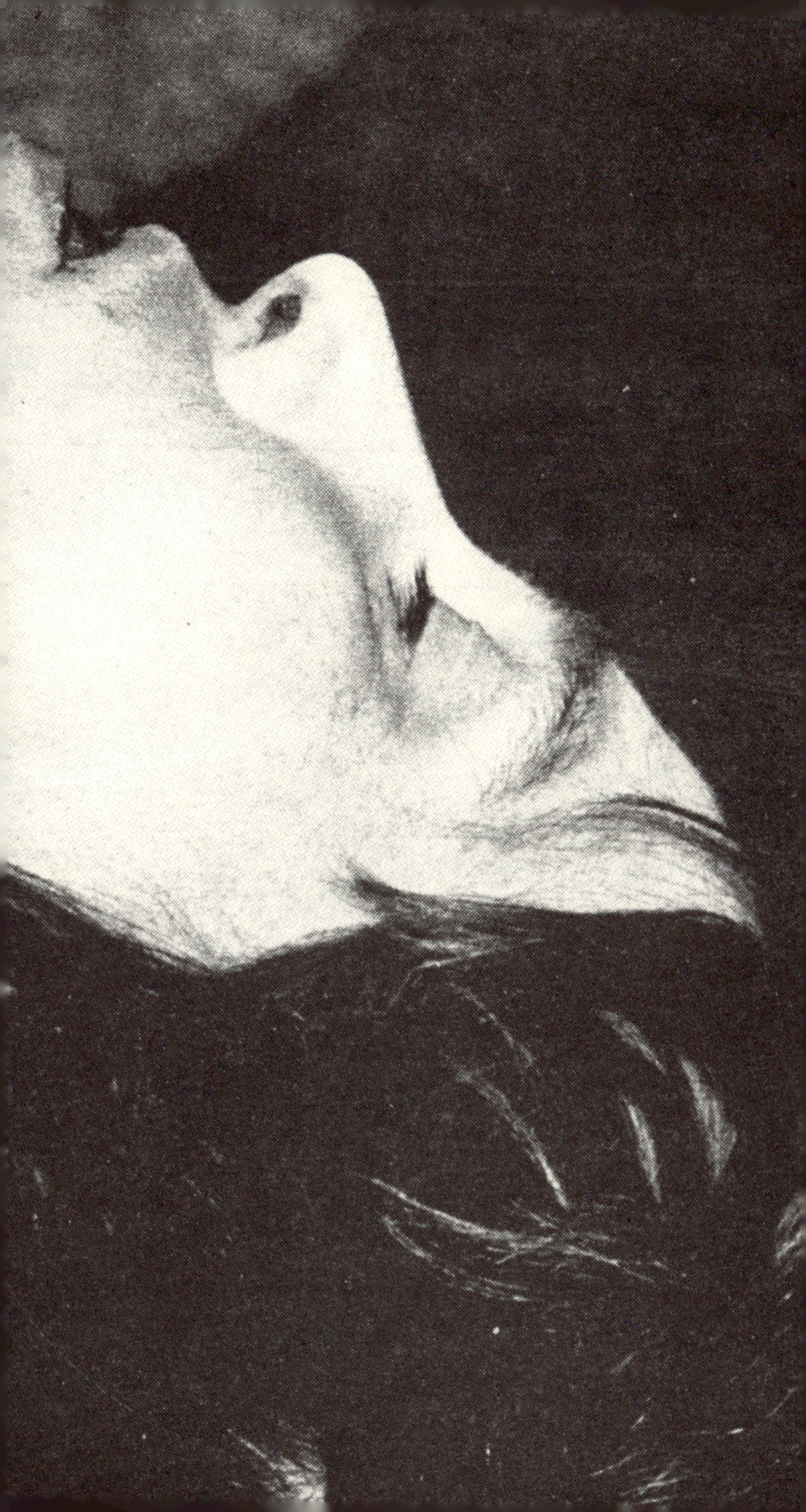

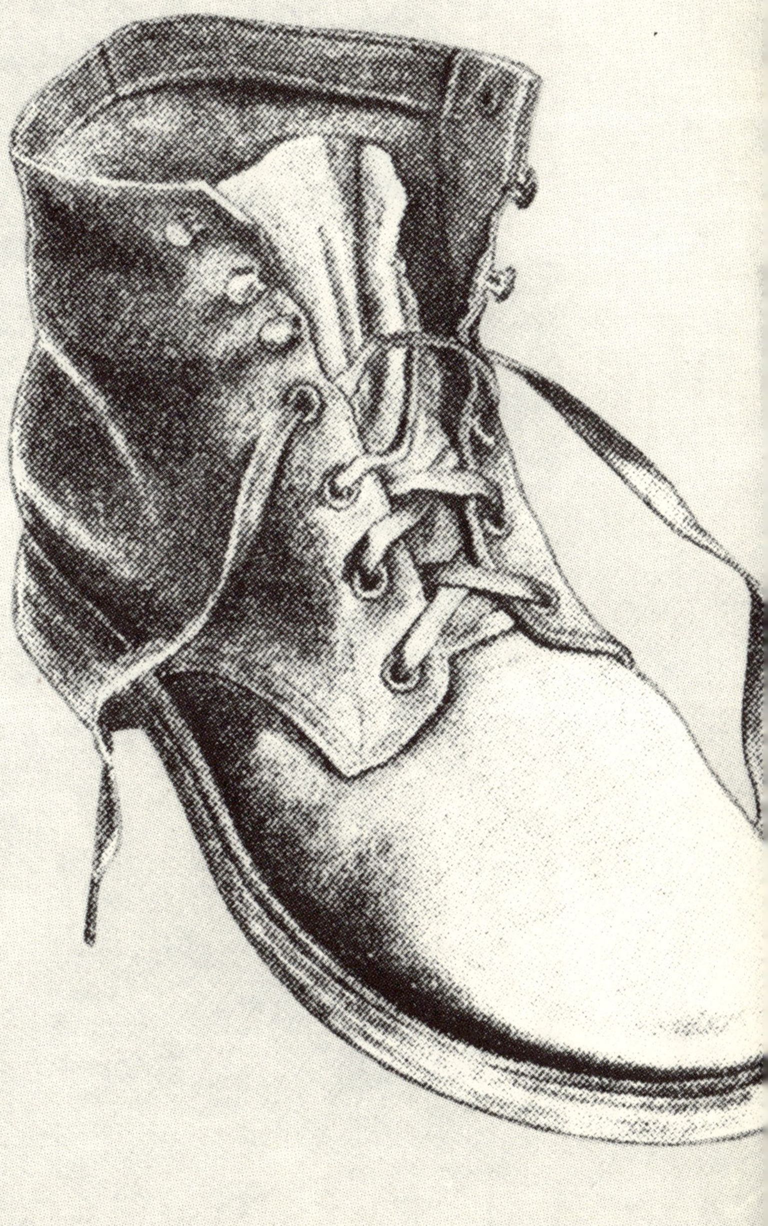

DEATH VALLEY
(CAL.)

HEINER MÜLLER, geboren 1929 in Eppendorf (Sachsen).

Die Texte *ABC* sind in den frühen fünfziger Jahren entstanden, *Der Vater* 1958, *Allein mit diesen Leibern, Gestern an einem sonnigen Nachmittag* und *Todesanzeige* 1975/76. *Das eiserne Kreuz*, zuerst erschienen in NDL 1/1956. *Der Vater*, zuerst erschienen in Wespennest (Wien) Nr. 25 (1977). *Todesanzeige*, unter dem Titel *Wüsten der Liebe* zuerst in Literaturmagazin 4 (1975). *Germania Tod in Berlin*, 1956/71. *Motiv bei A. S.*, 1958.

Bildmontage von PETER VOIGT.

DIE HEINER-MÜLLER-AUSGABE

GESCHICHTEN AUS DER PRODUKTION 1
Rotbuch 108. 160 Seiten, mit Abbildungen. DM 18

GESCHICHTEN AUS DER PRODUKTION 2
Rotbuch 126. 136 Seiten. DM 16

DIE UMSIEDLERIN
ODER DAS LEBEN AUF DEM LANDE
Rotbuch 134. 120 Seiten. DM 18

THEATER-ARBEIT
Rotbuch 142. 128 Seiten, mit Abbildungen. DM 16

MAUSER
Rotbuch 184. 104 Seiten, mit Abbildungen. DM 14

HERZSTÜCK
Rotbuch 270. 136 Seiten. DM 18

SHAKESPEARE FACTORY 1
Rotbuch 290. 256 Seiten. DM 25

SHAKESPEARE FACTORY 2
Rotbuch 291. 272 Seiten. DM 25

KOPIEN 1
Rotbuch 336. 144 Seiten, mit Abbildungen. DM 18

KOPIEN 2
Rotbuch 337. 160 Seiten. DM 18